# サッと作れる小規模企業の人事制度

特定社会保険労務士 三村正夫 著

経営書院

## プロローグ

　この本を手に取られた社長さんや、人事担当者の方に深く感謝申しあげます。

　この本を読んでいただいて、「我々のような会社もこれで人事制度のイメージができた」または、「これまで何気なくやってきた社員の人事に自信をもって取り組めた」と言っていただければ幸いです。

　この本の読者の社長さんはこれまで、おそらく人事についてあまり真剣に考えたことはなかったと思います。毎日毎日売上に追われ、総務のことは奥様にまかせるか、税理士・社会保険労務士に外部委託していて、人の評価につながる人事のことは、社長さんが日常の社員さんの働きぶりをみて、直観による評価で賃金を上げたり、賞与を支払ったりしてきているのではないかと思います。自社の人事評価項目からこの人はＡ評価だのＳ評価だの決めてきている社長はほとんどおられないと思います。

　私は日常、社会保険労務士の仕事をしている中で、小規模企業の社長さんから人事制度をどのようにしたらいいのかと、時折相談されます。そのような時、大手企業で採用している、評価制度とか目標面接制度とかは、小規模企業では、なかなか応用のできない制度ばかりであることに気が付きま

した。

　そこで、一般的に従来から、日本の多くの企業が採用している職能資格制度等やランチェスター法則を人事制度に活用し、マズローの５段階欲求説に置き換えて、人事評価表を考えていくというやり方を考えました。このことにより、複雑な評価表とか評価シートは必要なく、多忙な社長さんでも簡単に社員さんの人事制度が構築できます。言ってみれば、これまで、社長さんの頭の中にあった直観の人事制度をさらに分かりやすく、社員さんの育成に繋げる相応しい人事制度へと発展させていくことができます。

　また、近年ランチェスター法則を活用しての、会社の経営戦略も広まってきています。

　その際に、ランチェスター法則を活用した、小規模企業の人事制度の本は、ほとんどないのが現状です。このようなこともあり、この本がいくらかでも、ご参考になれば幸いかと思っています。

　私の主張ですが、小規模企業では、人を評価するという考えではなく、育てる、育成するといった視点で、人事制度を構築し、さらに売上につながってこそ、本当の価値ある人事制度であると思っています。あの人はＳ評価だから３等級５号俸とかいった、大手企業の評価のやり方は、小規模企業ではあまり意味のないことであると言わざるをえないと思います。

## プロローグ

　何故なら、このような制度は社長さんが、会社が大きくなって、全従業員を把握できない時に必要ですが、社員30人未満で、社長さんが直接社員さんの仕事ぶりを観察できる状態であれば、そのような評価制度は不要だからです。もし、そのような評価制度がなければ、自分の会社の社員の評価ができないということであれば、それは、社長さんとして失格であると言わざるをえないと思います。

　いかがでしょうか？この本では、今まで誰も人事制度の本としては、書かれなかった、「小規模企業の社長さんの頭の中にある人事」をより鮮明にして、分かりやすくしました。これで、「社員育成、売上アップにつながる人事制度（三村式人事制度）」になってくるのではないかと思っています。

　この本が多忙な小規模企業の社長さんの人事を考える際のお役にたてて、社員さんの成長と会社の売上アップにつながっていけば、著者としてこの上ない喜びです。

# 目 次

**第1章　小規模企業に人事制度は必要か** ……………9
1．人事とはどういうものか ………………………9
2．人を評価するとは、どういうことなのか …………12
3．小規模企業に人事制度などなく、意識をしていないが人事は行われている ………………15
4．人事制度というから、なにか難しいことを考えてしまう ………………………………………16
5．小規模企業の社長さんは人事は頭の中・それがベスト ……………………………………17
　　☆5分ノート　まとめ ………………………19

**第2章　ランチェスター戦略からみた人事制度の役割** ……20
1．ランチェスター法則とは ………………………20
2．ランチェスター戦略からみた、人事制度のウエイト ……………………………………23
3．社員教育が人事制度の前提 ……………………27
4．従業員は社長以上には伸びない ………………29
5．小規模企業の会社の経営は社長で99％きまる ……31
　　☆5分ノート　まとめ ………………………33

**第3章　相対評価か絶対評価か** ……………………34
1．一般的な評価制度 ………………………………34

2．小規模企業は相対評価かそれとも絶対評価か……41
　3．360度評価とは……43
　4．目標管理制度は小規模企業では必要か……45
　5．小規模企業は評価ではなく社員教育の視点が重要……46
　　☆5分ノート　まとめ……48
第4章　マズローの5段階欲求説を人事評価制度に連動させる……49
　1．マズローの5段階欲求説とは何か……49
　2．小規模企業は5段階欲求説を人事制度に連動させると分かりやすい……53
　3．社員も分かりやすい達成度……63
　4．人事制度と賃金制度をリンクさせる……79
　5．社長のこれまでの直感の人事制度が形になる（三村式人事制度）……94
　　☆5分ノート　まとめ……101
第5章　小規模企業の社長は、評価ではなく、育てる、励ます、ではないだろうか……102
　1．小規模企業は、社員を評価するより、教育励まし……102
　2．評価制度が必要なのは、30名以上の会社で、社長の目の届かない部署ができたとき……104
　3．教育したことがどれだけできるようになったか？教育達成度で考える……106

4．教育は勤怠・能力・業績の視点で教育する ……… 111
　　　☆5分ノート　まとめ ………………………………… 115
第6章　日常の労務管理・人事 …………………………… 116
　　1．小規模企業は日々教育と励ましが社長の人事制度 ……………………………………………………… 116
　　2．社員教育のポイントは成功体験をいかに経験させるか ……………………………………………… 118
　　3．毎月の賃金は世間相場以上を目指し、賞与は業績で支給 ……………………………………………… 120
　　4．社長の行動が、あなたの会社の人事制度 ………… 122
　　　☆5分ノート　まとめ ………………………………… 124
第7章　経営理念・売上・人事制度・賃金制度はすべてつながり、経営戦略となる …………………………… 125
　　1．経営理念があれば、マズローの5段階欲求説と連動させる ……………………………………………… 125
　　2．売上が上がれば、賃金もアップし、新入社員も入社し、人事制度も活性化する ………………… 128
　　3．直観の人事制度を、三村式でより精度を高めることができる ……………………………………… 130
　　4．社員さんを一人でも自己実現に近づけるように教育しよう ……………………………………………… 131
　　　☆5分ノート　まとめ ………………………………… 137

第8章　会社が30名以上になってきた時の人事制度の
　　　　在り方 …………………………………………… 138
　1．会社が大きく成長して30名以上になったら人事
　　　制度はどうすればいいのか？ ……………………… 138
　2．厚生労働省の職業能力評価基準の評価シートを
　　　活用しよう …………………………………………… 140
　　　☆5分ノート　まとめ ……………………………… 151
まとめ ……………………………………………………… 152
巻末資料 …………………………………………………… 156
参考文献 …………………………………………………… 184

# 第1章

## 小規模企業に人事制度は必要か

### 1 人事とはどういうものか

　社長さん、人事とはなにか真剣に考えられたことがありますか？わかりきっているので、いまさら真剣に考えたこともないと思います。この本では難しい専門書を読まないと理解できないようなことを論じる気はありません。そのような議論は学者のお話であり、この本はズバリ、ビジネスとしての人事、というものを考えていきたいと思っています。ネット上のフリー百科事典「ウィキペディア」では以下のよう意味があるとなっています。

　1、（自然に対して）人間に関することがら、出来事
　2、人間としてなし得るまたはなすべきことがら（例：人

事を尽くして天命を待つ。)
3、企業その他の団体・組織における職員の処遇などの決定に関する業務
4、人事異動の略
5、意識（人事不省）
6、法律用語として、人の身分や能力、住所など、そのうち身分に関すること（人事法、人事訴訟）

上記のなかの3の企業その他の団体・組織における業務としての人事には、それぞれの団体・組織によって、多少の範囲の違いがあるが、一般的には次のようなものを指す。とあります。

●要員管理
●人事制度
●評価制度（人事考課）
●等級制度
●賃金制度
●福利厚生制度
●教育訓練制度

いかがでしょうか？なんとなく人事のイメージが湧いてきたのではないかと思います。

社長さんのイメージはおそらく上記の評価・等級・賃金制度が頭の中に湧いてきたのではないでしょうか？ひろい意味では福利厚生制度のような人に関する事柄がすべて含まれる

## 第1章 小規模企業に人事制度は必要か

意味合いになってくると思います。

よく言われることですが、会社経営ではよく、人・物・金の3要素がそろわなければ経営はうまくいかないと言われていますが、その3要素の一つである人が、言葉を変えていうならば、人事ということになってくるのではないかと思います。しかしながら、現場の小規模企業の会社では、人という要素は3要素のなかでは、一番おろそかにされてきているのが、多くの社長さんがたの会社の実態ではないかと思います。

従ってこの人事を考えるということは、会社経営そのものを見つめなおすことにもなってくるのではないかと思います。

私が社会保険労務士という仕事柄、多くの社長さんとお話をしていて思うのは結構日々の会社経営のなかで、苦労されているのが、この人の問題であると思います。私のあるお客さんの小売業の社長は、ある日突然信頼していた、従業員から突然辞めると言われ、さらに従業員7名ほどの会社で、社長さんの対応が気に食わないということで、同時に従業員4名も退社してしまい、その社長はノイローゼ状態になってしまいました。

いかがでしょうか？このようなケースはよくあることです。この退社へのキッカケは、些細な、会社の評価・処遇に腹がたったことが事の発端であったようです。

このようなことは、どのような会社でもありうることかと思います。この解決策は、社長さんが人事に対して頭のなか

にある考え方を、日頃から周知しておけば、このような職場の不信感はなかったのではないかと私は思っています。

人事とは、人・物・金の会社経営の一番最初にくる経営資源ですが、その意味合いはその考え方とそのしくみだと私は思っています。もちろんその考え方とは、従業員の育成であり会社経営の売上に連動していかなければ、人事としての機能発揮はできないのではないでしょうか。

## 2 人を評価するとは、どういうことなのか

社長さんは、日常従業員さんをどのような基準で評価されていますか？こう言われて明確に答えることのできる社長さんは少ないと思います。やはり、私も前職の保険会社でいろいろな方とお仕事をしてきましたが、イエスマンで文句を言わない従業員は、なんとなくかわいいものですし、さらに、仕事もよくできるということであれば、評価はおのずと高いものになってくると思います。

私の時も、A評価が一人しかきめられないとき、どちらの方をA評価にしたか、やはり感情的に好き嫌いで決めていたことが懐かしく思い出します。

いかがですか？この本の読者の社長さんの会社は従業員10名前後かと思われます。文句の多い従業員より、イエスマンの方がかわいいものです。これは、誰でも感じることで、そ

第1章 小規模企業に人事制度は必要か

れは仕方のないことだと思います。

そして、イエスマンで業績もよければ、まさに社長さんの会社では素晴らしい評価をうけることになってくるのではないかと思います。その過程に、明確な基準などなく、社長さんの感情的な側面で評価がされてきているのが、多くの会社の実態ではないかと思います。

この評価とは一体どのようなことなのか、日本国語大事典（小学館）には下記のようになっています。
①品物の値段を決めること。また、その価格
②善悪・美醜などそのものの価値をきめること。またその価値
③「きょういくひょうか（教育評価）」の略
とあります。

上記の中の②のその価値基準が大半の社長の評価に対する考え方ではないかと思います。私が注目したいのは、③の教育評価です。評価には教育の意味合いもあるということです。

また、私たちが子供のころ、学校の通信簿があって、5段階で1・2・3・4・5とかで通知表をもらったのを記憶していませんか？学校の場合は、評価の判断としてテストがあるので、ある意味納得しやすいものがあると思います。しかし、会社では、日常テストなどをしている会社はほとんどなく、テストに代わるものが、社長さんの感情といえば、間違いないのではないかと思います。

テストで評価されれば、何故評価が悪いのか、又は良いのかが明確に理解できますので、納得性があります。
ですから、子供のころも通知表の結果には納得できたものです。
　逆にいうと、社長さんも感情で決める物差しを明確にして従業員さんに周知しておけば、社長さんの評価は、従業員に納得していただけるものにつながってくるのではないかと思います。このような、評価の基準のようなものが従業員に周知されておれば、前節の例のように社長さんがノイローゼ状態にまで進展することはなかったものと私は思います。
　このように考えてみると、私は評価とは従業員さんの働く時の指針となるようなものにすべきであり、そのことが会社の発展にも連動していくものでなければならないと思います。逆にいうと先程の日本国語大辞典の解説にあるようにあなたの会社にとっての従業員の教育・育成と言えなくはないのではないかと私は思います。
　いかがですか？どのような複雑な評価項目を作成しても、そのことが、従業員さんの教育・育成につながるものでなければ、その会社の評価は極端に言えば病院の診断結果とあまり変わらないことだと思います。ともすると、私は多くの会社は人事制度というと従業員の診断内容ばかりに気を取られている傾向があるように思います。

## 3 小規模企業に人事制度などなく、意識をしていないが人事は行われている

　ところで、この本をお読みの社長さんの会社で、独自の人事制度を運用されておられる会社はほとんどないと思われます。私の事務所も職員3名の零細企業ですが、その職員の評価は私の頭の中で決めています。

　私は以前サラリーマンとして22年間日本生命で勤務して、全国の拠点を担当したものです。少ない拠点で10名前後から多い拠点で50名前後まで担当したことがあります。このようなサラリーマンのとき、どのようにして職員の人事評価をしてきたかを今思い出すと、特に会社からマニュアルがあったわけでなく、どの拠点でも、自分の頭の中で考えて、人事の点数をつけていたことを思い出します。今振り返ると、その判断基準は、営業拠点ですので、第一に売上、第二に勤務態度、第三にプロセスではなかったかと思いだします。第二の勤務態度は、やはり好き嫌いに左右されたものではなかったかと思います。片方の職員はお歳暮があり、片方の職員はお歳暮がなかったとすると、お歳暮があった職員の点数を多くしてきたように思います。

　いかがですか、この本をお読みの多くの社長さんもなんとなくそのように言われれば自分も同じようなものだと思われた社長さんが多いのではないかと思います。

サラリーマンの時、人事制度の本などを勉強して、職員の点数を採点する際の参考にしようなどと考えたこともありませんし、拠点の運営に特に差しさわりはありませんでした。かりに、勉強したとしても、難解な本ばかりで、理解ができなかったと思います。私のような仕事をしていても、人事関係の本を読むと疲れます。やはり、理解するのは容易ではありません。何故そこまで考えなければいけないのか、時々疑問に思ってしまいます。

　この本をお読みの多くの社長さんも私と同じ感覚ではないかと思います。

　このように、人事というのは、小規模企業では改めて意識はしていないが、どこの会社でも、自然と社長の頭の中で、運用されてきているものと思います。この本では、その頭の中を、より鮮明にしていきたいと思っています。

## 4　人事制度というから、なにか難しいことを考えてしまう

　日本語からくるイメージは、人事制度というと、多くの社長さんは何か型苦しい、難しいイメージがすぐ頭に湧いてくるのではないかと思います。実際書店に行って人事制度の本を手に取られてパラパラ読まれたら理解できるかと思いますが、最初の数ページは読めますが途中で読まなくなってしまうと

思います。それはなぜか？　専門用語、堅苦しい情報が多すぎる等で、我々の頭が受け付けなくなってしまうのではないかと思います。その結果、人事制度は型苦しい、難解な制度というイメージになってしまっているのではないかと思います。

　私が思うには、なにも難しく考える必要はなく、社長さんが、あいつはかわいいなど好き嫌いで人事を決めると考えれば、それはそれで人事制度の骨格は出来上がりです。なにもそれほど、難しく考える制度ではないのです。

　コンサルの世界でよく活用されている法則にパレートの法則があります。その内容は成果の8割は、上位の2割の取組みで決まるというものです。人事でいうならば、どの項目を第一番に考えるかで、人事制度の8割は出来上がったと言えると思います。ところが、書店にある多くの本は、小さな会社でも運用できる、人事制度と言いながら、あまりにも詳細にわたり、取組みを制度化しているので、小規模企業の社長さんが運用できなくなってしまうのではないかと思います。ですから、この本では、ポイントとなる考え方に焦点をあてて考えていきたいと思います。

## 5　小規模企業の社長さんは人事は頭の中・それがベスト

　この本のポイントの一つである、社長さんの人事の頭の中

を考えてみたいと思います。私なりに社長さんの人事の判断基準を想像してみますと下記のようになりました。

① 自分の指示に忠実に行動したか
② 売上に貢献したか
③ 向上心があったか
④ 会社の和を保てたか
⑤ 自分との相性が合うか
⑥ 勤務態度が良好か

社長さんいかがですか？このような判断基準で、あいつは「できる・できない・ふつう」の判断をされてきているのではないかと思います。そしてあいつは何度言ってもできないやつだとか、あいつは首だとか、あいつはかわいいやつだとか勝手に自分の頭の中で考えて会社を経営されているのではないかと思います。そこに、明確な判断基準のようなものをもって考えている社長さんはほとんどおられないと思います。

余談ですが、私がサラリーマン時代には、あいつはバレンタインにチョコをもってきたかとか、お歳暮があったか、朝の挨拶がしっかりできているかとか、自分に対してお世辞を言えるような職員であったかなど、あまり会社の業績に関係ないことでも、好き嫌いで人を判断してきたことを思いだします。いかがですか？この本の読者の社長さんも多少とも覚えがあるのではないですか？男ですから、自然とブスより美人をえこひいきしていたことも思い出します。

## 第1章　小規模企業に人事制度は必要か

　例えば、あなたの会社にバリバリのキャリアウーマンが入社してきて、社長さんにこうじゃないですかああじゃないですか？といろいろな提案をしてくる従業員と、社長さんに甘え上手で心をくすぐるような美人の従業員がいたら、社長さんはどちらのタイプを選択しますか？正直ほとんどの社長さんは後者の女性を選択されるのではないでしょうか？これが現場の正直な男性社長さんの実態ではないでしょうか。このように、意外と好き嫌いが判断基準に大きな影響を与えているのが、人事の現場の実態であると思います。そして、その好き嫌いの判断基準は、社長さんのこれまでの人生経験と会社の経営戦略によって様々なケースがあると思われます。

　現在、社長さんの会社がある程度経営内容が順調に推移しているのであれば、現在の社長さんの好き嫌いの判断基準は、問題のない取組みなのだと私は思っています。

---

**5分ノート**

　人事とは一般的には評価制度・等級制度・賃金制度といったイメージですが、教育訓練制度も人事の範疇に含まれるものです。

　また、多くの日本の小規模企業の社長さんは、改めて人事制度のような制度に基づく物差しで運用はしないで、社長さんの頭の中で、日々意識しないで従業員の人事が行われているのが多くの小規模企業の人事制度の実態です。

# 第2章

# ランチェスター戦略からみた人事制度の役割

## 1 ランチェスター法則とは

　この章では、経営の世界でよく活用されているランチェスター法則によるランチェスターの戦略について考えてみたいと思います。
ランチェスターの法則とは下記の法則です。

(競争の法則、戦闘における力関係)
第一法則　一騎打戦の法則
　　　(攻撃力＝兵力数(量)×武器性能(質))
第二法則　間隔戦の法則
　　　(攻撃力＝兵力数の二乗(量)×武器性能(質))

## 第2章 ランチェスター戦略からみた人事制度の役割

### 二乗がポイント　兵力数10対6は100対36の攻撃力に、格差は広がり続ける

　イギリス人のランチェスター先生が、戦闘における力関係を考察して、上記の内容の法則を技術雑誌に1914年に書いた記事からスタートしてきました。今では、いろいろな場面、特に中小企業の会社の経営の世界でこの競争の法則が多く活用されています。日本では竹田陽一先生が、ランチェスター戦略をさらに分かりやすく分析して説明されて、本なども多数出版されています。一般的に第一法則は小規模企業の戦略（いわゆる弱者の戦略）、第二法則が大企業がとる戦略（いわゆる強者の戦略）と考えれば分かりやすいのではないかと思います。

　第一法則の戦略を活用するか、第二法則の戦略を活用するかは、その競争相手との力関係を考えてその都度選択して実施すれば、最も効果的な結果が期待できるものと私は思っています。その代表的な事例として歴史的にみれば、かつての戦国時代の若武者織田信長のお話が分かりやすいと思います。桶狭間の合戦で勝利したことは、あまりに有名なお話ですので社長さんもご存知かと思います。この勝利の戦略がまさにランチェスターの法則の一騎打ち戦そのものではないかと思っています。相手方の今川義元の約2万の大群にたいして、信長は約2千の兵隊で、今川義元のちょっとしたすきを

21

狙って奇襲して勝利しています。もし、信長が第二法則の間隔戦の戦略で、真正面から正面衝突して戦ったならば、完敗していたと思います。まさしく局地戦における、一騎打ち戦の戦い方で勝利したともいえるのではないかと思います。そもそも織田信長はこのようなランチェスター法則など知る由もないと思います。しかし、彼は本能的な勘で自然とこの闘いの戦略を実行したのだと思います。この法則は、人事の世界でも十分応用のできる考え方であると思います。従業員10名前後の会社ということであれば、考え方の選択肢は第一法則の一騎打ち戦の法則の応用になってくると思います。人事制度というと、評価シートの作成とか、職能資格制度とか、目標管理制度とか、考課者研修とか様々な、取組みが連想されてきます。私はこのような取組みはいわゆるランチェスター法則の視点から考えれば、これらの取組みの多くは強者の間隔戦の取組みになってくるのではないかと考えます。

　それでは、弱者の戦略の一騎打ち戦の取組みとは具体的にどのようになるのかと多くの社長さんは思われたと思います。私は、小規模企業の会社では、考課者訓練も目標管理制度もいらない、シンプルで単純なシステムを考えることではないかと思います。小規模企業の会社が、大会社のような複雑な人事制度を導入することは、聞こえは良いですが、軽4の自動車のエンジンで大型の車を動かすようなものです。

　従って、小規模企業の会社は人事は画一化しないで、一対

## 2 ランチェスター戦略からみた、人事制度のウエイト

　社長さん、人事制度のことを考えるには、ランチェスター経営で有名な竹田陽一先生が提唱されているように、経営の全体図をまず理解する必要があると思います。経営の全体図は、営業関連（53％）・商品関連（27％）・組織関連（13％）・財務関連（7％）のウエイト付けで考える必要があると思っています。

　これも人間の体に置き換えてみればよく分かる話で、頭であったり、手であったり、足であったりと、どの体の部分もなくては駄目であり、人間の体には必要な要素です。

「経営の構成要因」

| | | |
|---|---|---|
| ①地域、客層、営業方法、顧客対応 | 53.3％ | 営業関連　80％ |
| ②商品、有料のサービス | 26.7％ | |
| ③人の配分と役割分担 | 13.3％ | 手段　20％ |
| ④資金の配分と調達 | 6.7％ | |

　この中で営業関連と商品関連の合計が経営全体の8割にもおよぶことを理解しなければなりません。多くの様々なコンサルタントの方が、幹部社員研修や従業員のモチベーション

アップの研修とか、社内をもっとIT化しましょうとか、そうすれば会社の業績を上げられますよということで切り込んできます。確かにどれも必要であると思い、つい多くの社長さんはやるべきかどうか悩んでしまっているケースが多々あると思います。しかしながら、多くの会社さんでお聞きすることは、研修後数日は効果があったように思うが、その後は以前と変わらないといったお話をお聞きすることが多いです。やはり、このことを考える上で一番重要なことは、「今は財務の見直しをする必要がある」とか、「従業員のやる気作りの研修がポイントである」等という課題は、経営の全体図から優先順位が見えてくるということだと思います。このことの理解が大前提ではないかと思います。

　例えば、商品関連が、27％以上の効果を上げているのであれば、その他の戦略を考えるべきであると思います。

　このような、視点で見ていくならば、人事制度は、上記の経営の全体図からみれば、組織関連③の中に該当します。比重で考えるのであれば、13％です。

　また、竹田先生はさらに経営構成要因のなかの組織関連③の「人の配分と役割分担」をさらに詳細に考えれば次の配分になると説明されています。この配分の中で、①の仕事に対する配分や②の各人に対する仕事の役割は、小規模企業では、ほとんど決まっていますので、③の教育と訓練とその結果である④の賃金や昇進などの役割を如何に効果的に実施してい

## 第2章 ランチェスター戦略からみた人事制度の役割

くかがポイントになってくると思います。

このようなウエイト付けを頭において人事制度をその他の要因とのなかで運用していくことが重要であると思っています。ここで重要な視点は教育訓練の比率が処遇の約2倍のウエイト付けであるという点です。ここにも私が提唱する、人事は育成・教育であるという考え方は、ランチェスター的な考え方からみても納得していただけるものではないかと思っています。

| ③人の配分と役割分担(13.3%) | ①仕事に対する配分 | 53% |
|---|---|---|
| | ②各人に対する仕事の役割の決定 | 27% |
| | ③教育と訓練 | 13% |
| | ④賃金や昇進などの処遇 | 7% |

この考えが合っているかどうかといわれれば、なんとも言えませんが、少なくともわたしの知る限り、小規模企業の経営の全体図は、先程のランチェスターの法則から導きだされたものが、最も合っていると言えるのではないかと思います。何故なら、様々な会社でその証明がなされており、ランチェスター法則を活用した成功体験のビジネス本もよく出版されるようになってきました。従って、日本の社会の中では十分信頼できる経営哲学であると思います。

現在では多くの中小企業の社長さんにランチェスター法則は知られてきています。先程の経営の構成要因のウエイト付

けを考えると、いかに立派な人事制度、職能資格制度を作成しても、経営の全体図から分析すれば、思うほど期待できるものではないことをご理解していただけるのではないかと思います。ですから、多くのコンサルタントが人事制度を改革して、従業員さんのモチベーションが上がれば、業績も上がるというのは、私は多少とも言いすぎなのではないかと思います。上がれば良いですが、そのような話は小規模企業ではほとんど聞いたことがありません。仮に上がるということであれば、多くの社長さんは会社経営に苦労せず、コンサルタントに人事制度を改革してもらえばいいことになります。いかがでしょうか？私は小規模企業の会社は社長の采配で99％会社経営は決まると思っています。ただし、ウエイトが低いからといって、疎かにしていいと言っているのではありません。先にも言いましたが、企業は人間の体と同様に、血糖値が高いのを放置すれば、やがて糖尿病になっていく可能性が十分あります。また、高血圧を放置しておけば、様々な影響が人体に出てきます。その分その他のほうからみれば遅れを取ってしまいます。また、大きな病気にもなりやすくなります。ですから、人事制度も重要であるのです。

　そう考えると、全てが会社経営では必要であり、重要であるということです。ポイントは、その会社のウエイト・バランスをしっかり見ることかと思います。この本の読者である社長さんは、「そんなバカなことはない、もっと比率は高い」

との反論もあるかと思いますが、私の経験では間違いないと最近益々確信する次第です。いかがでしょうか？社長さん、このことからも人事制度はシンプルがベストだということが、ご理解いただけるのではないかと思います。その証拠に20名前後の会社が大会社のような人事制度を導入して実施したが、現在はまったく運用されていないといったお話はよくお聞きします。結局儲かったのは、高い報酬をもらった人事コンサルタントであったというお話はよくあることです。私は人事制度を導入するなと言っているのではなく、会社の規模により、大きく考え方は変わってくるのではないかということです。トヨタ自動車のような大企業であれば、それは、しっかりした人事制度の導入は絶対に必要であると思います。しかし、私の主張は小規模企業はランチェスター戦略の経営の全体図からみても、人事制度は出来るだけシンプルに社長が何日も研修をうけなければ理解できないような制度は必要ないということです。とにかく、社長さんも従業員さんも簡単に理解できる、分かりやすい取組みが必要ではないかということです。

## 3 社員教育が人事制度の前提

この節では、前節で説明した、教育・訓練が処遇の約2倍のウエイト付けであるとお話しましたが、この点を考えてみ

たいと思います。人事制度というと、ほとんどの社長さんは評価・賃金制度というように考えてしまう傾向がほとんどではないかと思います。大企業であれば、社長さんが全社員の仕事ぶりを毎日みれないので、上司による人事評価とか、上司の評価の訓練をするため、考課者訓練とか、職種別評価シートの作成とかは必要な取組みであると思います。ここで、考えることは小規模企業の取組みです。先程社長さんの頭の中の好き嫌いが人事であるとお話しましたが、この傾向は人間の心理としてやむをえないのではないかと私は思います。私の事務所も従業員3名の零細企業ですが、いくら仕事ができても、相性の合わない従業員であれば、仕事を一緒にしたくありません。多くの男性の社長は私と同意見であると思います。従って、私は、小規模企業は評価するという考えを捨てて、従業員を教育・育成するんだという、スタンスが非常に重要ではないかと思います。評価という考えがなければ、社長さんの頭の中は、どうやったらあの子は育ってくれるのかという思考パターンになり、好き嫌いの感情から、より建設的な社長さんの頭の中の人事戦略になってくるのではないかと思っています。ここに教育・訓練が賃金などの処遇の約2倍のウエイト付けであるという意味がご理解していただけたのではないかと思います。では、この教育訓練は誰がするのかです。

　社長さんお分かりですね、それは社長さんのお仕事になる

のです。小規模企業は、基本的に社長が全てをやりきるスーパーマンでなければならないのです。ここにも、小規模企業の経営は社長さんで99％決まるという意味もご理解していただけると思います。逆にいうと、だからこそ、中小企業の社長のお仕事は、色々な職業の中で一番面白い職種ではないかと思います。また、それくらいの覚悟がなければ、経営はうまくいかないというのも現実かと思います。

## 4 従業員は社長以上には伸びない

　社長さんは時々、うちの従業員は何故私の気持ちを理解してくれないのか？あんなに賞与も支払ってあげたのに、もっと頑張ってくれないのかと、様々な従業員に対する言いたいことが山ほどあると思います。私もその気持ちはよく分かります。

　私も、日本生命時代、Ａさんにはあれだけ面倒を見てあげたのに、陰で私の陰口を言っている。また、新しい従業員が入社してくると、わざと先輩がつぶすとか？頑張ってほしいのと励ましのつもりで、肩をポンと叩いたらそれはセクハラですとか、この人間関係にはどんな社長さんも悩まされ続けてきているのではないかと思います。

　ここで、私の持論ですが、社長さんの気持ちまで理解して仕事をしてくれる従業員さんはほとんどいないものだと思っ

て会社経営をされるべきだと思います。

　私は小規模企業の従業員さんは基本的には、毎日の生活に重点があり、会社の1カ月・1年先など社長さんが思うようには、従業員は考えないということです。

　大企業であれば、愛社精神のある従業員もいるかと思いますが、小規模企業では皆無だと思われるべきであると思います。それは、やむを得ないと思います。大企業のように、給料も高く退職金も多く、福利厚生施設も充実していれば尚更ですが、正反対の小規模企業ではそれはいたし方ないものだと考えるべきであると思います。

　かりに、社長さんあなた以上に仕事ができる従業員が入社してきたらどうですか？最初は社長さんもホクホクかもしれませんが、数年したら、やがて独立してあなたの最大のライバルになるかもしれないということです。

　私のお客さんで、美容師の先生もおられますが、よく耳にすることが、優秀な美容師だと思っていたら、お客を取って独立していったというようなことをよくお聞きします。このように、優秀な従業員はどの社長さんもほしいと思いますが、優秀な従業員ほど後が怖いということです。

　従って、小規模企業では、人材を育てて育成するという視点が基本になければダメであると私は思っています。

## 5 小規模企業の会社の経営は社長で 99%決まる

　これまで、99％会社経営は社長さんで決まると何回となく記載してきましたが、それはおかしいと反論のある社長さんも多いと思います。

　日本には個人企業まで含めると下記のように企業数があります。

| 1人から9人 | 80% | 累計 |
| 10人から29人 | 14% | 94% |
| 30人から99人 | 4% | 98% |

　このように30人未満が94％も占めています。このように日本は小規模企業で支えられているといっても過言ではないと思います。ですからこの本のテーマである人事制度もほとんどの日本の会社は先程説明した好き嫌いの感情によると思われる人事制度の会社が大半ではないかと思います。書店に紹介してあるような、しっかりした人事制度の会社は一握りの大手企業のための制度設計となっており、小規模企業では応用ができないものばかりです。

　また、竹田先生は業績の何割が社長一人できまるかという大変興味深い視点に対して次のように解説されています。

(願望・目的・目標・戦略。これらが93％　戦術7％)

| ～6人 | 戦術も全て | 100％ |
| --- | --- | --- |
| ～10人 | 戦術も全て | 99％ |
| ～30人 | 戦術の7割 | 98％ |
| ～100人 | 戦術の3割 | 96％ |

　従業員100人迄を平均すると、業績の98％が社長1人の戦略実力で決まると解説されています。
　このように10名前後の小規模企業となると社長の実力で99％会社の業績は決まると私も思います。
　その証拠に小規模企業の社長が病気したり、死亡したりしたとき多くの会社は、経営の存続が危ぶまれるケースが多いのが現実です。
　仮に、優秀な従業員がいたとしても、なかなか経営を続けるのが難しいのが小規模企業の現実ではないかと思います。
　ともすると、人事制度というと、従業員を如何に公正に評価することが、従業員のやる気につながり、会社の業績が上がるとお話されるコンサルタントも多く、そのように言われるとそうかなとも思ってしまうと思います。このような、考えも正しいと思いますが、先ほどの社長の役割が99％で会社は決まるとの認識にたてば、私は一番重要なことは、社長自身の教育ではないかと思います。
　社長自身の能力がアップしていけば、この本の人事のテー

マである、評価ではなく育成という視点でのレベルもアップしてくることになり、その結果会社は必ず成長していくことができるのではないかと思います。

> **5分ノート**
>
> 　人事制度の中で、人事評価からくる賃金などの処遇に対して、ランチェスター法則の経営の構成要因の比率からみて、更に重要な要素が教育訓練です。小規模企業の人事制度はランチェスターの法則を活用した、教育訓練をポイントにした取組みが、最も効果のある人事制度になってくると思われます。

# 第3章

# 相対評価か絶対評価か

## 1　一般的な評価制度

　ここでは、一般的にどのような評価の考えが日本の会社の中で、行われているのか考えてみたいと思います。

　人事考課は何のために行うのか？と言われると多くの書籍によると下記のような内容がほとんどではないかと思います。

　その1　公正な処遇を行うため

　　年齢や勤務年数といった、年功序列ではなく、業績や能力の高い従業員には、賃金・賞与など処遇をよくしていく必要があるため。

　その2　能力開発をするため

従業員の能力を適正に把握して、それにそった育成をする必要があるため
その３　やる気の職場をつくるため
　会社が業績を上げるためには、従業員の個々の能力を高めて、目標を達成する必要があるため
その４　適性な人材配置をするため
　効率的な仕事をするためには、従業員の能力にあった仕事をしてもらうため
こんな感じかと思います。どれも言われてみれば、なるほどと思います。そして、これらの課題を達成するための人事考課でのポイントは一般的に次の三つのポイントが重要であるといわれています。

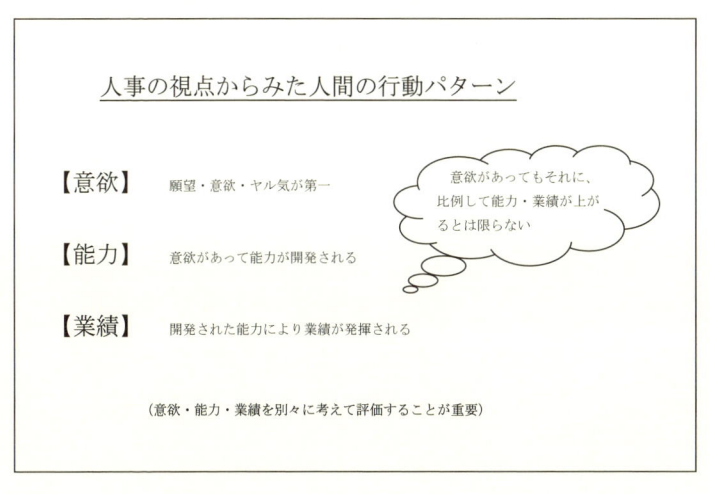

---

### 人事の視点からみた人間の行動パターン

【意欲】　願望・意欲・ヤル気が第一

【能力】　意欲があって能力が開発される

【業績】　開発された能力により業績が発揮される

（意欲・能力・業績を別々に考えて評価することが重要）

＊吹き出し：意欲があってもそれに、比例して能力・業績が上がるとは限らない

---

（能力・意欲・業績を別々に考えて評価することが重要）

このような観点からの、日本の代表的な人事考課の方法の方式を4つ紹介します。

　　　　人事考課の方法（日本の代表的な方式）
① 尺度法：評価要素を決めて、その要素ごとに評価の尺度を決め、その中から一つの段階を選ぶ方法
　　特徴　誰でも評価できるので、導入しやすいが、結果にバラツキがでることがある。

1.尺度法

| | 評価要素 | 1次評価 | | | | 2次評価 | | | | 評価の着眼点 |
|---|---|---|---|---|---|---|---|---|---|---|
| | | A | B | C | D | A | B | C | D | |
| 業績評価 | 段取手順の確実さ | | | | | | | | | (1) 一旦引き受けたことは途中で投げ出さずに、最後までやり遂げたか<br>(2) 上司・先輩の上位者や同僚、お客様などとの約束事は誠実に守ったか<br>(3) 必要な手続や手間を省くことなく、決められた手順どおり仕事を進めたか |
| | 仕事の速さ | | | | | | | | | (1) 仕事を効率的に進める努力をしていたか<br>(2) 仕事は納期通りに完了したか<br>(3) 引き受けた仕事が完了しそうになったら次の仕事がないか確認したか |
| | 仕事の正確さ | | | | | | | | | (1) 仕事を正確に進められるように、作業の工夫や改善に取り組んだか<br>(2) 必要性に気づいたら、人に指摘される前に行動に移しているか<br>(3) 良いと思ったことはどんどん上位者に意見を述べ期待を上回るものだったか |
| | ロスの防止等 | | | | | | | | | (1) 不良ゼロの取り組みをしてきたか<br>(2) 作業効率の改善に取り組んでいるか<br>(3) コスト削減目標の目標を達成したか |
| | 職場の整理整頓 | | | | | | | | | (1) 作業場について整理・整頓を行っていたか<br>(2) 作業工具について常に定置に戻しているか<br>(3) 仕事を効率的に進められるように、作業の工夫や改善に取り組んでいるか |
| | 機械、工具などの手入れと点検 | | | | | | | | | (1) 機械・工具はしっかり手入れしているか<br>(2) 仕事を効率的に進められるように、作業の工夫や改善に取り組んでいるか<br>(3) 作業場を常に監視し危険誘発要因の除去に努めているか |

※業績評価（「評価の着眼点」ごとに、該当する欄に〇を記載）
A:模範的なレベル B:期待どおりのレベル　C:少し課題のあるレベル　D:問題があるレベル

② 段階択一法：成績の段階を文章で表現し、その中から

一つの段階を選ぶ方法

　　特徴　評価段階が文章で表現されているので、尺度法よりはバラツキは少なくなりますが、作成に時間がかかる。

### 2. 段階択一法

| 評価要素 | | 職務遂行の評価基準 | 評価 | |
|---|---|---|---|---|
| | | | 1次評価 | 2次評価 |
| ①段取り手順の確実さ | A | 作業指示書に基づいて、問題意識を意見具申し、作業準備を適切に行い納期どおりに行った。 | | |
| | B | 作業準備が早く、間違いはほとんどなかった。 | | |
| | C | 作業手順通りだが、時折間違いがあった。 | | |
| | D | 作業手順がまずく困難な状況では上司に相談し、指示に基づき適切な対処をした。 | | |
| ②仕事の速さ | A | 仕事が期限前に終了する場合は早めに報告し確実に業務を完了していた。 | | |
| | B | 与えられた仕事は期限内に完結する気持ちを持ち、業務を完了していた。 | | |
| | C | 仕事に遅れが時々あり上司に報告していた。 | | |
| | D | 仕事が遅い事が多く、周りに迷惑をかけていた。 | | |
| ③仕事の正確さ | A | 品質が良くなるよう常に工夫を加え、正確に作業を行っていた。 | | |
| | B | 指示内容は確実に処理していた。 | | |
| | C | 指示内容・指導内容の確認を時々怠っていた。 | | |
| | D | 同じ失敗やミスを何度も繰り返していた。 | | |

凡例：Aはよくできている、Bはできている、Cは十分でない、Dはできていない

※上司評価は各作業項目（職務遂行の基準）ごとでも構わないが、
　能力細目ごとで括っての評価も可能である。

　③　執務基準方式：仕事そのものを評価する方法で、予め

仕事をあらい出して、その仕事に対して能力段階ごとに期待する基準を設定しておき、その基準で評価する。
　　特徴　基準が明確なので、自己評価や、能力開発にも活用しやすいが、作成に時間がかかる。

3. 執務基準方式

| 意欲要素 | 職務遂行のための具体的内容 | 求められる意欲の基準 | |
|---|---|---|---|
| | | S〜Aグレード | Bグレード |
| 方針・目標達成意欲 | 定められた方針・目標に対して最後まで達成するという意欲をみる | (1) ○途中経過を報告していり指示通りやってみて気づいた問題意識を意見具申していた | ○日常業務でやってはいけないことを理解し、ルール等に不明点がある場合には上司等に必ず確認していた |
| | | (2) ○仕事をする目的、キャリア形成を考え仕事に対する問題意識を持ち仕事を通してに役立つことを考えていた | ○指示内容を確認・明確化し、業務指示に素直に従い完了報告をしていた |
| | | (3) ○顧客満足度を確認し顧客満足のため日々工夫していた | |
| 新しい仕事への継続意欲 | 新しい方向や仕事を求められて自ら行動し、部下あるいは後輩に対しても、仕向ける積極的な意欲をみる | (1) ○最後まで絶対にやり抜く意思を持ち、仕事が定時に終わりそうになければ早めに報告していた | ○予め忙しさを念頭に入れてスケジュールを組み、難しい仕事でも自分なりに工夫/努力していた |
| | | (2) ○できない理由ではなくできる方法を考え実行していて、忙しければ優先度を考慮して順序を入れ替えていた | ○仕事の手順・方法を確認し、期日/納期に合わせて仕事を進め、必要に応じて途中経過を報告していた |
| | | (3) | |

凡例 S〜A常に出来ている　B大体出来ている　Cあまりできない

　④　目標管理方式：その会社の事業計画などを基本にして、その計画達成のために何をするか自分の立場で目標を設定し、それが達成できたかどうかを評価する。

特徴　人事考課に業績評価をいれたもので、ヤル気・能力のアップには有効であるが、定着までに時間がかかる。

　上記の③の執務基準方式はよくコンサルティング会社が採用しており、コンサルタントが従業員全員と面談ヒアリングするなど、手間と時間がかかり、コンサルテイング会社に支払う経費も数百万円の費用が必要となってくることもあります。

　この本では、現在広く大企業で活用されている、④の目標管理方式の評価シートのサンプルも掲載してみたいと思います。

## 4 業績評価

| 所属 | 役職 | 氏名 |
|---|---|---|
|  |  |  |

| No. | 課題<br>(何を) | 方法・プロセス<br>(どんなやり方で) | 水準<br>(どれだけ・どのレベルまで・何を尺度として評価するか) | 期日<br>(いつまでで) | ウェイト<br>(100) | 自己評価 | | 上司評価 | |
|---|---|---|---|---|---|---|---|---|---|
|  |  |  |  |  |  | 評定／点数 | コメント | 評定／点数 | コメント |
| 1 | 業務改善に係る提案制度の改善 | 業務改善の問題点を確認し提案方法を話合う | 毎月1回定例会議を行い、改善提案件数を10件から15件に増加させる | 10月まで | 30 | 評定 A<br>点数 90 | 改善提案を13件行うことができました。 | 評定 A<br>点数 90 | 改善提案は15件に満たなかったものの改善内容は模範的です。 |
| 2 | 部下に対する営業指導 | 各個人に任せていた新規開拓について、主任と同行訪問し売上増大をはかる | 新規取引先企業の同行訪問を20件から30件に増加させる | 通年 | 40 | 評定 A<br>点数 80 | 新規開拓の訪問件数は27件程度です。 | 評定 S<br>点数 95 | 当社の部下育成と売上増大に関して優秀な成果を上げました。 |
| 3 | 自己啓発研修の体系化 | 今までバラバラだった受講メニューを体系化し昇格・昇進システムと連動させ | 研修システムM社と提携し課長職以上の者に研修を受講させる | 通年 | 30 | 評定 B<br>点数 70 | 研修システムに時間を割くことが難しかったです。 | 評定 B<br>点数 75 | M社の研修システムの初年度でしたが、優秀でした。 |
|  |  |  |  |  | 100% | 合計点 /10 |  | 合計点 /10 | 点 |

凡例 S 模範的なレベル B 規定通りのレベル C 少し課題のあるレベル

　いかがでしょうか？　目標管理方式の評価シートみていただいて、なんとなくイメージが沸いてきたのではないかと思います。どのような方式にせよ、この本の読者の社長さんの会社で、うちはこの方式をやっていると、お話される社長さ

んは、ほとんどおられないと思います。ほとんどの会社はこのような方式など採用せずに、社長さんの好き嫌いでやってこられてきていると思われます。この本では、大企業がやっている評価方式のイメージをいくらかでも理解していただきたいと思い掲載してみました。

　私はサラリーマンのとき、年２回ほど上司に目標面接を受けておりましたが、ほとんどの上司は、できなかったことに対する、いやみのような面接が多かった気がします。あの面接でヤル気が出たとはとても思えませんでした。いかがでしょうか？これが、多くの日本の企業の目標管理制度の実態ではないかと思っています。

## 2　小規模企業は相対評価かそれとも絶対評価か

　前節で、日本の代表的な評価の方法を解説しましたが、この節では、評価の際の評価の判断基準について考えてみたいと思います。社長さんであれば、一度は相対評価とか絶対評価という言葉をお聞きになった方もおれば、この本を読んで初めて知ったという方もおられると思います。

　集団の中で誰が優秀でだれがダメであるかを対人比較で判断するのが、いわゆる相対評価です。逆に個人をみつめ各人の期待基準に照らして、その到達度や充足度を判断するのが、絶対評価といわれているものです。賞与の支給や昇給などの

実績を主体としたものは、相対評価で構わないと思いますが、育成の理論を前面において人事考課をするときには絶対評価でなければならないのではないかと思います。

いわば絶対評価とは健康診断の人事といえなくもないと思います。誰が良いとか誰が悪いとか比較論に立たずに、一人ひとりをみつめ、どこが期待度を上回るか下回るかを評価するわけです。

このように、考えていくならば、小規模企業の社長さんは、順位付けの判断ではなく、社長の期待度にどれだけ達成したかという達成度または育成度のような物差しで判断してはいかがかと私は思っています。

人間、評価されるというのは、誰でも内心は嫌なものです。ところが、言葉をかえて、達成度または育成度というような言葉で言われると案外抵抗がないものです。社長さんも自分の会社の従業員を常に育てるという認識にいたり、もっと教育指導が足りなかったなどの判断ができます。

あいつは、ダメなやつだと判断するのではなく、逆に自分の指導不足を認識するようになり、従業員も育ってくるのではないかと思っています。従って小規模企業は、人事は絶対評価で、育成度・達成度という物差しで考えていくべきであると私は思っています。

小規模企業は、社長が毎日一緒に仕事をするわけですから、相対評価であいつは一番下とか判断していては、組織は育っ

ていかないと思います。

　ただし、絶対評価で、たくさんの人が最高の評価になったら、昇給や賞与等人件費が大変になってくるのではないかとの質問が出てきます。これに対しては、高いレベルの人が多くなれば、必ず給与の原資（売上）は伸びているはずです。このような、原資を先に決めるのではなく、評価を先に決めるのが原則という考えは、あの有名なマクドナルド創業者レイ・クロックの考えでありマクドナルドの人事評価の真髄にもなっているようです。

　ですから、私は、小規模企業は絶対評価が良いのではないかと思っています。マクドナルドは大会社であり、我々のような小規模企業とは違うのではないかと思われる社長さんも思われているかもしれませんが、マクドナルドの戦略は、規模は大きいですが、各店舗は10人未満がほとんどで、その戦略は驚くほど中小零細企業の経営に近いものがあると私は思っています。

## 3　360度評価とは

　この評価方法は、アメリカで広まってきた人事制度で、日本でも採用している企業は結構あります。

　この360度評価という言葉を聞いたことがある社長さんは結構勉強熱心な方だと思います。この制度は、上司や部下・

同僚など仕事上で関連する他部署の人など各方面の人が被評価者を評価する手法です。この目的は、複数の評価者が評価することで、客観性・公平性を実現することであるといわれています。しかし、部下と上司で談合が行われたりするリスクもあります。

　この制度はいい制度であり、大企業では有効な活用もあると思いますが、小規模企業では、活用は難しい制度であると思います。

　これまで代表的な評価制度を紹介してきましたが、この理由は、ある程度基本的な評価制度のイメージを理解していないと、あるセミナーをきいて、これはいい制度だからうちの会社でも実施しようとなったときの判断基準になるからです。一般的に会社の業績が悪くなると、大半の社長は賃金や人事制度を改革すれば改善できると考える傾向がありますが、そう簡単ではないということです。先程の経営の構成要因の比率からも、人事制度の改革で経営内容が大きく変わることは考えにくいことです。しかし、人事コンサルタントに言われるとそうかなと思ってしまうものです。人事コンサルタントに言われ改革をして、簡単に業績が上がっていくのであれば、誰も経営に苦労はしないと思います。ただし、中には改革により業績を伸ばしている会社もあります。それは、経営者・従業員の連携がうまくいき、大変な努力と苦労をしたから成しえたことです。単なる表面的な掛け声だけでは、

到底できなかったということを認識しなければならないと思います。やはり小規模企業では、社長さんの経営で100％近く経営内容が決まるのですから、社長さんが成長する改革が一番の評価制度になってくると私は思います。

## 4 目標管理制度は小規模企業では必要か

　先程も解説した、日本の多くの大企業で導入されている目標管理制度について考えてみたいと思います。私は、小規模企業では目標管理制度の導入の必要はないのではないかと思います。基本的に10人前後の小規模企業の従業員で、自分の目標を掲げ、それに向かって会社発展のために頑張ろうなどという従業員はほんとんどいないと思います。小規模企業の従業員になったつもりで考えてみてください。大企業のように賃金も高くない、退職金も少ない、将来の出世も魅力的でない職場で、大企業の社員のように、会社の発展に頑張ろうなどということはあまり考えられない現実だと思います。ほとんどの従業員は、とにかくあなたの会社に生活のためにきているのだということを理解する必要があると思います。

　このような視点でみると、従業員があなたの会社でいつまでも頑張って働くかは、それは社長さんの魅力だと思います。そうです、社長さんのことが好きだからあなたの会社で働いてくれているのだと思います。

そのように考えると、むしろ小規模企業において目標管理制度は、そうです、それは社長さんのための制度であると私は思います。そのことにより社長さん自身が成長することが、経営においては一番重要なことではないかと思います。

　社長さんはだれも評価してくれる人はおりません。もし、いるとすれば奥さんぐらいではないでしょうか？

　あなたの会社が倒産して、ビルの一室からなくなっても、世間の人は誰も気がつきません。それほど小規模企業は存在感が少ないのです。あなたの会社が仮に倒産となっても、従業員さんは賃金を支払ってもらえるのかなというくらいにしか、あなたの会社のことを思っていないというのが現実です。

## 5　小規模企業は評価ではなく社員教育の視点が重要

　社長さん、ランチェスターの経営の構成要因の比率からも分かるように、評価に基づく賃金などの処遇が７％に対して、教育訓練の比率が13％とあるように、教育トレーニングが如何に重要なポイントであるかが理解できます。人事制度の効果を上げようとするならば、教育訓練をどのように取り組んでいくかで決まってくるのではないかと思います。

　ここで小規模企業の評価というものについて考えてみたいと思います。社長さんは好き嫌いの傾向が強い人事であると

記載しましたが、このことについてどう思われますか？人事のことになると公正に評価するべきだ、評価してほしいと様々な意見をお聞きします。そんなこともあり、人事制度を導入して、評価シートを作成して、社長はこれで実力の公正な評価になったと自己満足しますが、すぐに従業員からこの評価はおかしい、依怙贔屓している、となかなか従業員の満足の得られる結果にはいたらないケースが多いのが実態です。人が人を評価するとは実に難しいことであるのです。精神科のドクターでも難しいことなのです。毎日売上に頭の中が大半を占めている小規模企業の社長さんが適正な評価など望むのが無理といえば無理です。どうしても好き嫌いの人事になってしまう傾向になってしまうのはやむを得ないことであると思います。

　このようなことを考えると、やはり小規模企業では、社長さんしか幹部はいないのですから、難しい評価にエネルギーを使うのではなく、従業員の育成である教育訓練にエネルギーを使うほうが社長さんも分かりやすいし、教育訓練の達成度などにより、賃金などを決定するシステムにするべきです。このようなことは従業員さんも納得していただける取り組みであり、人事制度の最も効果的な戦略であると思います。ですから、これから先では、この本では評価という概念はなくして評価は教育訓練であると定義して人事制度を考えていきたいと思っています。

### 5分ノート

評価制度には目標管理制度など様々な取組みがありますが、小規模企業では、評価の基本としては、相対評価ではなく、絶対評価の視点で考えるべきで、従業員の評価ではなく、教育訓練の視点で人事制度を運用していくべきです。

# 第4章

# マズローの5段階欲求説を
# 人事評価制度に連動させる

## 1 マズローの5段階欲求説とは何か

　人事制度に関すること、例えばどうして頑張っているのに賃金は上がらないのかとか、賞与、退職金などのお金にからむことについては、従業員が最も気にするところなので、しっかり社長さんの考えを明確にすることが重要であると思います。また、従業員のモチベーションアップ対策にも大きな影響をあたえるかと思います。このことを考える上で、大変参考になるものとして、アメリカの有名な心理学者アブラハム・マズローの5段階欲求説を紹介していきたいと思います。社長さんの中には既に知っているよと思っている方も多いと思います。それほど有名な学説でいろいろな分野で活用されて

います。この学説は人事制度を考えていくうえでは、ベースになってくるので、私は大変参考になると思っています。

マズローの欲求五段階説

ニーズ（欲求）が満たされると、さらに高次のニーズが高まる

自己実現
自分の能力を発揮して創造的活動をしたい

承認欲求
他者から価値ある存在と認められたい

親和欲求
他者と関わりたい、集団に帰属したい

安全欲求
生命に関するものを安定的に維持したい

生理的欲求
空腹、睡眠など、生命を維持したい

マズローが唱えた欲求五段階説では、表のように、人間の欲求は五段階のピラミッドのようになっていて、底辺から始まって、一段目の欲求が満たされると、一段階上の欲求を志すというものです。生理的欲求、安全の欲求、親和の欲求、

**第4章　マズローの5段階欲求説を人事評価制度に連動させる**

承認の欲求、自己実現の欲求となります。

　まず、生理的欲求と安全の欲求は、人間が生きる上での衣食住等の根源的な欲求です。人事制度でいえば、失業していた人が、やっと就職できたとかいう状況です。従ってこの段階の人はとにかく賃金がいくらもらえるかが、一番重要な課題になります。ですからこの段階の方の人事対策としては、賃金の多い少ないが最大の関心ごとになってきます。従って求人はこのことを考えて、いい人材を募集したいと思えば、世間相場より高めの賃金で求人票を職安に提出するといった戦略が導きだされます。

　その欲求が満たされると次の欲求である親和の欲求は、他人と関わりたい、他者と同じようにしたいなどの集団帰属の欲求です。この段階の人は人事制度でいえば、入社3・4年目の従業員が該当してくると思います。

　先輩従業員の方に早く一人前に認められたいと考えている状態で、給料などの人事制度は当社は世間並みの水準かどうかなど、賞与はどれくらいかなど気にしてくる段階で、モチベーションアップには賃金だけでなく、仕事に権限や達成感などを与えるなどの従業員の教育訓練がさらに必要になってくる段階かと思います。職務手当などの手当はこの段階からの導入がベストではないかと思います。

　そしてその段階も達成すると、次の欲求は、承認の欲求と言われるもので、自分が集団から価値ある存在として認めら

れ、尊敬されることを求めてくる、いわゆる認知欲求が起きてきます。人事制度でいえば、仕事もベテランになり、課長、部長といった地位に目覚めてくる段階ではないかと思っています。ですから、この段階の従業員はお金よりむしろ役職がモチベーションアップに影響を与えるのではないかと思います。従って、この段階から役職手当を支給するといったことがベストの戦略になってくると思います。

　そして、この段階の欲求も達成すると人は、自己実現の欲求という、自分の能力・可能性を発揮し、創造的活動や自己の成長を図りたいという欲求に成長してきます。人事制度でいえば、自分に権限を与えてもらい、あるプロジェクトをやり上げるなどになると思います。

　この段階の従業員はお金よりむしろ仕事のやりがいがモチベーションにつながってくるのではないかと思っています。ひとつ気をつけなければならないのが、ここまでレベルが上がった従業員は、そうです社長さんが恐れていることです。独立してやがて自分のライバルになってしまうことが考えられます。いかがでしょうか？従業員の人事制度はこのような、大局的な視点で、この従業員にどの段階の刺激を与えればやる気がおこるかを考えてやらないと、ただ賃金だけをアップしても効果がある人とそうでない人がいるということを考えながら、社長さんは人事制度全般のことを考えていかなければならないと思います。

第4章 マズローの５段階欲求説を人事評価制度に連動させる

このマズローの欲求５段階説に関連するのではないかと思いますが、私の人事面での考え方の一つとして、大変参考になる名言がありますので、紹介したいと思います。「人は誰でも幸福になる資格があり、幸福をつかむかどうかは自分次第、これが私の信条だ」

レイ・クロック　マクドナルドの創業者
「成功はゴミ箱の中に」プレジデント社

どうですか？誰でも自己実現幸福になりたいんですね。

## 2 小規模企業は５段階欲求説を人事制度に連動させると分かりやすい

社長さんここで、人事制度を考えるときの前提として、従業員の雇用の実態を考える必要があります。

その実態とは厚生労働省の統計によると下記の内容のようです。

①現実のサラリーマンの平均勤続年数は12年

②IT業界では平均勤続年数２～３年

③サラリーマンの平均退職年齢40歳～45歳

③ブルーカラーの平均退職年齢は55歳～60歳

④保険業界や金融業界平均退職年齢35歳前後

このような現実を考えると、新卒で入社して定年まで無事勤務できる方は極めて少ないといえます。従って小規模企業

の現実はさらに厳しいものがあるのではないかと思います。
　ですから、小規模企業の人事は基本10年勤続を想定して、考えていく必要があると思います。
　また、昨今の企業倒産の平均余命年数は23.5年のようです。社長さんの会社もある意味23年以上存続するかどうか分からないということです。このような視点も踏えて、マズローの欲求５段階説をベースにした、人事考課表を考えてみました。

## 第4章　マズローの5段階欲求説を人事評価制度に連動させる

マズローの欲求五段階説と職務の関連表

「会社の経営理念」

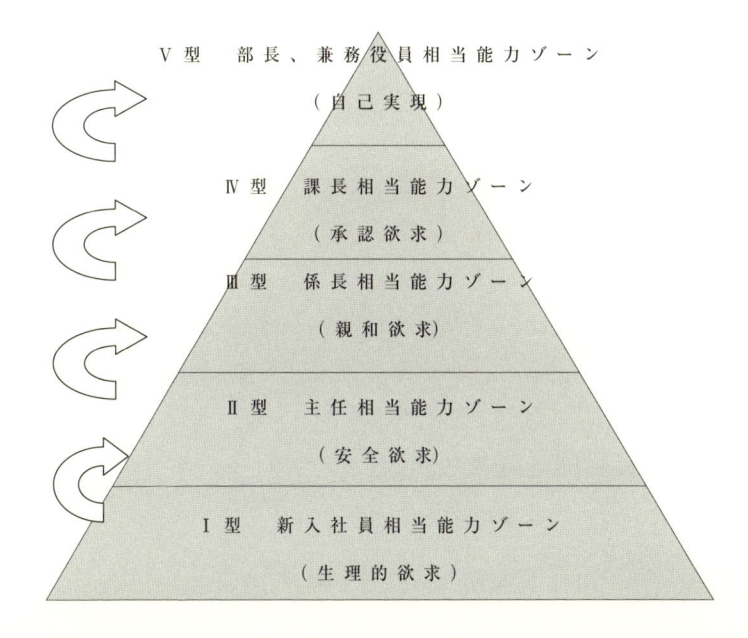

V型　部長、兼務役員相当能力ゾーン
（自己実現）

Ⅳ型　課長相当能力ゾーン
（承認欲求）

Ⅲ型　係長相当能力ゾーン
（親和欲求）

Ⅱ型　主任相当能力ゾーン
（安全欲求）

Ⅰ型　新入社員相当能力ゾーン
（生理的欲求）

　関連表を参照していただければ、マズローの欲求5段階説との関係が一目でご理解いただけるのではないかと思います。注目していただきたいのは、この関連表を包括するものとして、経営理念があるということです。個人が、5段階ごとに自己実現に向けて、職場を通して実現していくわけであ

り、個人の自己実現も会社の経営理念にそったものでなければならないと私は思います。

　経営理念など、うちのような会社で考えたこともないと言われる社長さんも多いと思います。実際なかなか経営理念をしっかり定めて経営している社長さんも確かに少ないのが現実であると思います。ですから、何も難しいことを考えるのではなく、普段から社長さんがこうしていきたいなと思っているようなことを紙に書き出し、とりあえずそれを理念にされてもいいのではないかと思います。なにか難しいことを考えるから、頭に浮かんでこないのではないかと思います。他社の物まねでもそれが自分はいいと思ったらそれでもいいと思います。たとえば「当社はお客様に価格・品質・安心感プラス感動を与えることを企業理念とし、社会の発展に貢献するものとする」などです。当事務所はシンプルに「共に感動と感謝の創造」を経営理念にしています。何となく決めたものでも、定めれば不思議です。何となく意識してくるものです。これは従業員さんも同様ではないかと思います。

　この表をみていただければ、一般的にこのような資格一覧表は一等級とか二等級とか分類されているケースがほとんどですが、私は等級で区分しないで、Ⅰ型とかⅡ型とかで分類しています。これは、私はどの型が偉いとかそのような判断基準ではなく、社長さんが教育訓練することにより、どの型かに育てていくという考えで、何型かを決めていくべきだと

### 第4章　マズローの5段階欲求説を人事評価制度に連動させる

思っています。

　Ⅰ型の新入社員ゾーンからⅤ型の部長・兼務役員ゾーンへと段階を踏んでいくことになります。各ゾーンごとに役職を入れてありますが、なくてもいいと思います。小規模企業では、あえて大企業のように、5年で主任というようなかたちにしなくても、2・3年で主任とか、任命してモチベーションを高めるというのも、小規模企業ならではの取り組みでいいのではないかと思います。昔から役職は人を作ると言われています。

　このような一覧表は従業員も社長さんも分かりやすく、社長さんもこの表の中に従業員の名前を記入していけば、社長さんの頭の中に、自社の組織バランスがハッキリとイメージできるようになるのではないかと思います。

　それでは次に、Ⅰ型・Ⅱ型等の基準について考えてみたいと思います。

職務基準表

| 職務レベル | 職務基準要件 | 必要となる職務能力の知識 | 役職をつけるとしたら | 滞留年数 |
|---|---|---|---|---|
| V型<br>自己実現の欲求 | 会社の方針を把握し、会社の社長の右腕としての立場でも仕事ができ、また社長に対して企画立案などのマネジメントもできる | ○売上を上げることができる<br>○企画立案力<br>○問題解決能力<br>○責任感 | 部長<br>兼務役員 | 定年か退職 |
| IV型<br>承認の欲求 | 会社の方針を把握し、会社全体の業務も十分遂行できるようになり部下の指導も十分できる | ○売上を上げることができる<br>○指導力<br>○リーダーシップが取れる<br>○リスク管理力 | 課長 | 4～7年 |
| III型<br>親和の欲求 | 担当業務を十分に遂行できるようになり新入社員などに指導もできるようになる | ○確実な行動<br>○指導力<br>○持続力がある | 係長 | 3～4年 |
| II型<br>安全の要求 | 仕事の指示を受け、自らの創意工夫で業務がこなせるようになる | ○正確な行動<br>○持続力がある<br>○専門的技術 | 主任 | 2～3年 |
| I型<br>生理的な欲求 | 新入社員として基本的な仕事を早く覚える | ○素直な行動<br>○持続力がある | 新入社員 | 1～2年 |

　上記の基準表をみていただければ分かるように、V型に到達するのに、最短で10年になっています。これは、先ほども記載しましたが、小規模企業では、退職まで平均12年です。

### 第4章　マズローの5段階欲求説を人事評価制度に連動させる

一般的な人事の本は定年を前提に考えられていますが、小規模企業では、12年で退職することを想定した人事制度でなければならないと思います。従って小規模企業のV型の自己実現は10年ほどで達成できることが、より現実的な取り組みではないかと思います。

　この基準表をじっとみれば、私の提案する人事制度のイメージができるのではないかと思います。いかがでしょうか？多くの人事の本は、資格制度についてあまりにも複雑で、様々なシートが必要になり、普通の人の頭には入っていかないほどの情報量となってしまうため、理解ができなくなってしまうのだと思います。そのため、人事制度をコンサルタントに数百万円支払って作ったが、現在は運用できていないなど十分な運用がなかなかできなくなってしまうケースをよくお聞きします。

　いかがでしょうか？社長さんのお友達のかたもそのようなことをかつてお話されたことはありませんか？

　ここで、ある会社を想定して、職務関連表を具体的に活用したいと思います。


「人事制度株式会社」
従業員　A　入社1年　23歳　（男性）新入社員レベルとにかく仕事を覚える
　　　　B　入社2年　28歳　（男性）仕事が一人でできる

 C 入社3年 35歳 （男性）忙しくても一人でできる
 D 入社4年 34歳 （男性）新人に仕事を教えることができる。
 E 入社5年 40歳 （男性）仕事が一人でできる
 F 入社8年 48歳 （男性）責任者として任せることができる。
 G 入社10年 50歳 （男性）課長　企画マネジメントもできる
 H 入社4年 36歳 （女性）一般事務ができる。

　このような事例で職務表に名前を入社年数順に記入していきます。そうしますと次のような表になります。

## 第4章　マズローの5段階欲求説を人事評価制度に連動させる

マズローの欲求五段階説と職務の関連表

「会社の経営理念」
理念例（共に感動と感謝の創造）

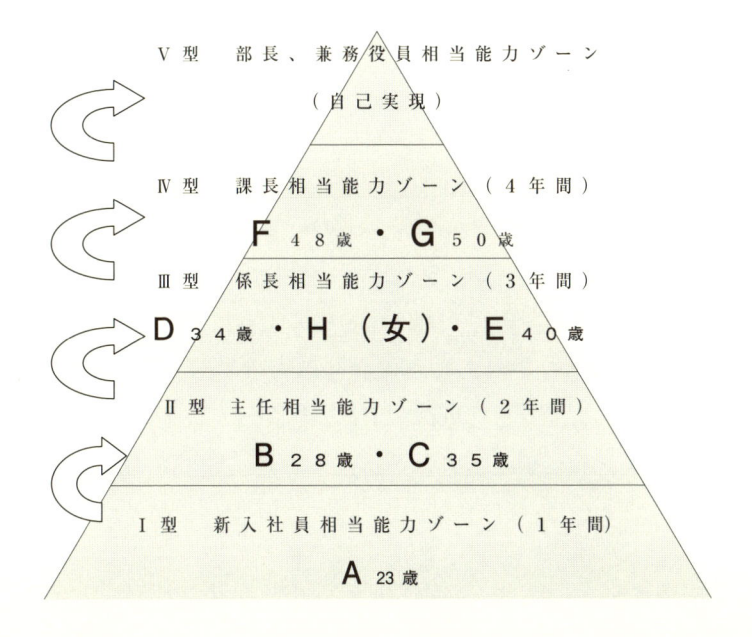

Ⅴ型　部長、兼務役員相当能力ゾーン
（自己実現）

Ⅳ型　課長相当能力ゾーン（4年間）
F 48歳・G 50歳

Ⅲ型　係長相当能力ゾーン（3年間）
D 34歳・H（女）・E 40歳

Ⅱ型　主任相当能力ゾーン（2年間）
B 28歳・C 35歳

Ⅰ型　新入社員相当能力ゾーン（1年間）
A 23歳

　このケースでは、Eさんが、入社年数に対して仕事の達成度が到達していないことがわかります。このようなときは、EさんはⅡ型の位置づけになると思います。この表に現在の御社の従業員さんをとにかく、入社順に記入していき、職務基準表の判断で、個人ごとにグループ分けをしていけば、あ

なたの会社の人事の特徴や問題点がすっきりわかるのではないかと思います。グループ分けの基準や滞留年数は、参考のために決めたものであり、御社の業態の特徴に合わせて決めていただければいいのではないかと思います。前記の事例はEさんを修正すると次のような表になります。いかがですか？この会社は従業員8名の会社で、比較的年齢的にも若い人材もおり、ベテラン層もいるということで、バランスのとれた人材構成ではないかと思います。

　従って、今いる従業員をいかに育て、上位の職務に育成していけるかがこの会社のポイントの一つではないかと思います。これが、ベテランで50代が多い会社であれば、採用という課題もでてくると思われます。このように表にしてみると社長さんの頭の中にあなたの会社の人事のポイント特徴がすっきりとしてくると思いますし、社長さんの頭の中にすっとこのイメージが入っていくと思います。巻末資料にシートがありますので、一度自社の従業員を記入してみてください。難しくないので、すぐできると思います。

**第4章** マズローの5段階欲求説を人事評価制度に連動させる

マズローの欲求五段階説と職務の関連表

「会社の経営理念」
理念例（共に感動と感謝の創造）

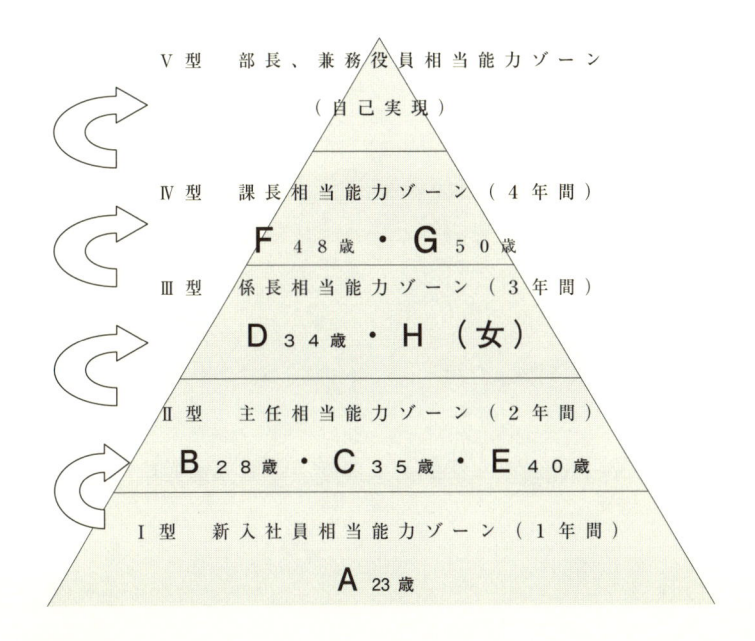

- Ⅴ型　部長、兼務役員相当能力ゾーン
　　　　（自己実現）
- Ⅳ型　課長相当能力ゾーン（4年間）
　　　　F 48歳・G 50歳
- Ⅲ型　係長相当能力ゾーン（3年間）
　　　　D 34歳・H（女）
- Ⅱ型　主任相当能力ゾーン（2年間）
　　　　B 28歳・C 35歳・E 40歳
- Ⅰ型　新入社員相当能力ゾーン（1年間）
　　　　A 23歳

## 3　社員も分かりやすい達成度

　社長さんこの本のポイントの一つである、マズローの欲求5段階説をベースにした職務の関連表まで進んできました。

巷に多くはびこる人事制度の本では、ここまでくるのにも大変なエネルギーを消費すると思います。

次は、人事制度では必ず出てくる、昇格昇給の基準である人事評価について考えてみたいと思います。私も多くの本で人事の評価表を見ていますが、あまりにもいろいろな考え方があるので、分からなくなってしまいます。多くの社長さんで人事制度を考えたことが一度でもある方であればご理解いただけると思います。

そこで、私の提案する人事評価は、前章でもお話しましたが、評価ではなく教育訓練という達成度という視点で、考えていきますので、従業員さんにも大変分かりやすい制度になると思っています。

基本的な、達成度の視点は以下の三つになります。

① 勤怠達成度　②能力達成度　③業績達成度

そして、達成度の項目は、様々な項目がありますが、ウイルフレド・パレートという19世紀のイタリアの経済学者の法則で有名な「80対20の法則」、分かりやすく言えば「経済的成果の8割は2割の仕事」を活用していきたいと思っています。これは少数の原因が結果の大部分に影響するという法則で、少数の原因に集中することで大きな成果をあげることができるという考え方で、パレートは統計資料を分析して人口

第4章 マズローの5段階欲求説を人事評価制度に連動させる

の20％が国富の80％を所有しているということに気付いたのです。今日ではいろいろなところで活用されています。この法則を人事制度に活用することにより、これまで、人事制度の評価項目などで数多く取り組まれてきたことが、大幅に簡素化して運用ができるようになってくるのではないかと思っています。

「その1　勤怠達成度」

　私の提案する達成度の基準は、一般的には人事評価項目はいろいろな内容がありますので、その中の上位の2割の項目を達成度の基準にして考えていきたいと思っています。この選択をとることによって人事制度で多くの時間を使って作成してきたものが、本当に短時間で基準が作成できることになります。
　一番目の達成度として①の勤怠達成度について考えていきたいと思います。

| 考課区分 | 考課要素 | 要素定義 | 評価 |
|---|---|---|---|
| 勤怠考課 | 規律性 | 上司の指示・命令など定められた規則や職場の業務規律等、組織人として守るべき事柄の遵守の達成度 | |
| | 責任性 | 自分に与えられた仕事および担当業務に関し、職務を全うするという強い願望と意欲姿勢の達成度 | |
| | 協調性 | 組織の一員としての自覚を持ち、自分の仕事および担当業務の範囲外において同僚・上司・に対しての協力や職場全体の運営にプラスとなる行動の達成度 | |
| | 積極性 | 自己啓発、改善提案など「今以上に」といった願望・姿勢の度合い又は計算された裏付けをもってリスク対策をする際の達成度 | |

　勤怠評価というと上記のような内容が一般的です。

　この表を見られると大きく４項目の勤怠の項目があります。これをさらに詳細に具体化していけば、更に評価項目が多くなってきてしまいます。ここで、私は、小規模企業のような社長さんが、詳細まで考えて評価シートを作成している時間もあまりないと思いますので、思い切って、パレートの法則である「80対20の法則」を活用して、４項目を２項目だけに視点を絞って評価項目を達成基準として運用されたらいいのではないかと思います。

　この４項目の中で私は、新入社員のケースでは規律性・責任性を勤怠の達成度にすればいいのではないかと思います。

**第4章　マズローの5段階欲求説を人事評価制度に連動させる**

規律性といっても具体的に当社では、朝の挨拶がしっかりできるとか、社会人としてお客様に不快感を与えない身だしなみをしているかとか、具体的に達成度を決定してもいいと思います。業種によって状況が違いますので具体的事例まで考えて達成度を決定できればよりベターであると思います。

　詳細な具体的事例まで達成度を考えるのであれば、最後の章で解説しますが、厚生労働省の中央職業能力開発協会の職業能力評価基準の評価シートを活用すれば、様々な業種の評価シートが無料でダウンロードできるので、活用されてもいいのではないかと思います。ただし、小規模企業では、社長さんも仕事が多忙のため、そこまで検討する時間がないのであれば、やや抽象的ではありますが、私のこの本で提案する、達成度基準でも十分かとも思います。詳細基準に決定するにしても、パレートの法則である「経済的成果の8割は、2割の仕事」で基準は2個から3個に絞るということです。絞らないと、一般的な人事の本にあるような、多種類の評価シートとなってしまい、小規模企業の社長さんでは運用できなくなってしまうと思われます。

　勤怠評価は、基本的に新入社員ゾーンから主任ゾーンでは十分必要な項目かと思いますが、課長・部長ゾーンではむしろ不用の項目になってくるのではないかと思います。逆に業績達成度は、新入社員ゾーンでは不要かとも思います。

　また、私は、小規模企業の達成度は、A・B・C・D・E

のような5段階評価とか、出来る・普通・出来ないといった3段階評価が一般的ですが、小規模企業は、出来る・出来ないの2者択一方式がいいと思います。かりに普通とかいう項目を作るとどうしても人間は普通に評価してしまう傾向があります。これを一般的には、中央化傾向とよび、評価が中央(普通・標準)に集まりやすい傾向にあるということです。そのようなことを防止する意味でも小規模企業はあえて出来る・出来ないで明確に達成度を決定して、社長さんも従業員も相互に分かりやすいシステムにするべきであると思います。その他の評価における陥りやすい傾向として寛大化傾向があります。これは部下の評価を高めにつけてしまう傾向です。さらにハロー効果というものもあります。それは、効果者がある一つの面で優れている又は劣っていると、それが全体の印象になり、他の効果項目に影響を与えてしまうことなどがありますので、そのような評定誤差が少なくなるように努力しなければ、かえって従業員さんの不信にもつながってくるということも留意するべき視点の一つであると思います。

さらに、私の提案としては、この達成度により、昇給とか自分のゾーンが移動していくわけですので、一般的な評価のような70点とか80ポイントとか点数評価ではなく、ストレートに出来る・出来なかったで達成度を測定して、人事を行っていくべきではないかと思います。人間70点とか80点とか点

**第4章　マズローの5段階欲求説を人事評価制度に連動させる**

数をつけられるのは嫌な方が多いと思います。
むしろ、そのようなことより、パレートの2割の重要課題が達成できないのだから仕方がないと納得しやすいのではないかと思います。社長さんは評価ではなく、社長さんがどれだけ従業員を思い、教育訓練したかの結果が人事の達成度になる訳です。ですから、達成度が悪ければ、それは社長さんの教育訓練が良くなかったということになってきます。

　小規模企業の経営は社長さんの力量で9割以上決まるわけですから、出来ない従業員を叱っても仕方ありません、社長さんの指導不足ということになるのではないかと思います。また、社長さんが、このような、人事の考え方で従業員と接していくならば、私は必ず良好な人間関係になり、必ず業績も良くなっていくと確信しています。

　ちなみに、人事におけるA・B・C・D・Eのような5段階評価方式とか、70点とかの点数による評価とか、職能資格制度などは、ランチェスターの法則でいう第2の法則（間隔戦）に該当し、いわいる大企業の人事戦略ではないかと思っています。

「その2　能力達成度」

　次は能力達成度について考えてみたいと思います。一般的には多くの人事関係の本では次のような内容で紹介されています。

| 考課区分 | 考課要素 | 要素定義 | 評価 |
|---|---|---|---|
| 能力考課 | 知識 | 担当する仕事を遂行する上で必要な基本的理論・専門的・実務的知識の達成度 | |
| | 技能・技術 | 担当する仕事・業務をきれいに速く正確にできる基礎的・実務的・専門的技能また、担当する仕事や業務を正確に行うに必要な熟練された専門的技術の達成度 | |
| | 判断力 | 自分の目線で目標・経営理念に照らして必要な情報を収集し、自ら進むべき行動を的確に選択し得る能力の達成度 | |
| | 企画力 | 目標や経営理念を実現するために効果的な手段を企画する能力。何をすべきか判断し、具体的なプランを組み立てていくことができる能力の達成度 | |
| | 折衝力 | 仕事を進めるうえでお客様と交渉し、良好な関係を維持しつつ、理解納得させて、仕事を有利にしていく能力の達成度 | |
| | 指導力 | 部下が必要とする能力を発達させるため、効果的な教育訓練を行い職場内のやる気を高める能力の達成度 | |

　上記の表を考えてみますと、小規模企業では知識・技能・技術を達成基準にすればいいのではないかと思います。企画力・折衝力は部長などの能力達成基準に対応すればいいのではないかと思います。能力の要件として、資格取得などがあれば、具体的にそのようなことを達成基準の一つに決定してもいいと思います。

## 第4章 マズローの5段階欲求説を人事評価制度に連動させる

　今日の日本の多くの大企業はこの能力測定に重点をおき、個人の能力を処遇のポイントとする職能資格制度を導入している会社が大半ではないかと思います。この制度は公務員とか、大企業で経済が右肩上がりの時代には大変機能した制度でした。日本の年功序列制度と連動して、日本の人事の考え方の主流ではなかったかと思います。

　しかし、現在のような、先行き不透明な時代にあっては、機能しなくなってきているのも現実です。これらの制度導入には2年から3年かけて導入しています。また、コンサルタントに依頼すれば数百万円もかかるような内容です。よくある話で、職能資格制度のセミナーを受講して、当社も導入したが、ほとんどの中小企業の社長さんは、制度を作ったが運用できなかったというのが、大半です。これは、軽4の車のエンジンで、3000CCの自動車を運転するようなものです。うまくいかないのは当たり前です。しかし、経営コンサルタントのお話を聞くと、人事の基本的な考え方を理解していないので、そうかなと思ってしまうものです。

　いかがでしょうか？この能力達成度も深く考えれば、大変な作業が必要になります。抽象的ではありますが、前記の評価基準で、達成基準を決定しても私は小規模企業ではそれがベストであると思います。会社が50名100名と大きく成長していけば、導入は必要かと思いますが、それまでは、私の提案する人事制度で十分であると思います。

「その3　業績達成度」

　次は業績達成度について考えてみたいと思います。一般的な人事の本には次のような内容が多いと思います。

| 考課区分 | 考課要素 | 要素定義 | 評価 |
|---|---|---|---|
| 業績考課 | 仕事の量 | 担当業務の業務結果としてのお客様の増大・売上アップの仕事の達成度 | |
| | 仕事の質 | 担当業務の業務結果におけるお客様からクレームのない感謝される度合い達成度 | |

　上記の表を見ていただきたいと思います。私は小規模企業では、仕事の質よりは仕事の量を達成基準にするべきではないかと思います。会社がある程度成長してきたならば、業績達成度は仕事の質に転換していくべきではないかと思います。営業マンであれば、業績の判断は明瞭でありますが、工場とか事務であれば、個人としての生産性のアップとか事務の処理のスピードがアップしていれば業績として判断してもいいのではないかと思います。

　現在の日本の大企業では、この業績評価を人事制度のメインにして運用している会社も多くなってきています。私は小規模企業では、この業績達成度は部長等のゾーンで重要な人事考課になってくるのではないかと思っています。

　以上三つの勤怠達成度・能力達成度・業績達成度についてこれまで、比較的抽象的な視点で、考えてきました。社長さ

### 第4章 マズローの5段階欲求説を人事評価制度に連動させる

んの中には、もっと具体的な達成度の基準で考えてみたいという方もおられると思います。そこで、具体的な達成度として次のように記載してみましたので、ご参考にしていただけたら幸いです。

「勤怠達成度の具体的な事例」

| 考課区分 | 考課要素 | 要素定義 | 評価 |
|---|---|---|---|
| 勤態考課 | 規律性 | ○無断欠席・遅刻・早退はなかったか<br>○上司の指示命令には従っているか<br>○身だしなみ、服装は適切か<br>○挨拶はできているか<br>○お客様に丁寧に対応しているか | |
| | 責任性 | ○仕事を最後までやりおえたか<br>○納期・時期は守っているか<br>○安易に上司にたよらないか<br>○問題意識をもって仕事をしているか<br>○問題がおきたときどのようにしたか | |
| | 協調性 | ○職場の人間関係を大切にしているか<br>○同僚の仕事を自発的に手伝っているか<br>○自分勝手な行動はないか<br>○同僚と役割分担は適切にできるか | |
| | 積極性 | ○難しい仕事にも積極的にとりくんだか<br>○会議などで、よく発言しているか<br>○採算を意識して仕事をしているか<br>○与えられた以上の仕事をしようという姿勢があるか | |

## 「能力達成度の具体的な事例」

| 考課区分 | 考課要素 | 要素定義 | 評価 |
|---|---|---|---|
| 能力考課 | 知識 | ○業務マニュアルを把握しているか<br>○仕事に必要な知識を習得しているか<br>○仕事に関連する規則・法令等を理解しているか | |
| | 技能・技術 | ○仕事の仕方にムリ・ムダ・ムラはないか<br>○安心して仕事をまかせられるか<br>○仕事の効率化に、何か工夫したことがあるか<br>○正しいやり方で仕事ができるか | |
| | 判断力 | ○同じことを何回も繰り返し質問しないか<br>○上司の指示命令を正確に判断できるか<br>○肝心なポイントは漏らさないで判断できるか | |
| | 企画力 | ○自分の意見を簡潔に話せるか<br>○論旨がはっきりしているか<br>○文章の構成がしっかりしているか | |
| | 折衝力 | ○お客様との対応がスムーズにできるか<br>○お客様の立場で考えることができるか<br>○お客様との契約をスムーズにできるか | |
| | 指導力 | ○リーダシップをとれるか<br>○新人を教育訓練できるか<br>○自己啓発等自己研鑽に励んでいるか | |

### 第4章　マズローの5段階欲求説を人事評価制度に連動させる

## 「業績達成度の具体的な事例」

| 考課区分 | 考課要素 | 要素定義 | 評価 |
|---|---|---|---|
| 業績考課 | 仕事の量 | ○資格等級にふさわしい仕事量をしたか<br>○規定時間内に業務をこなしたか<br>○迅速に仕事をこなしたか<br>○部下に営業指導ができるか | |
| | 仕事の質 | ○取引先からクレームなどなかったか<br>○トラブル時には関係者に事実を正確に伝えたか<br>○仕事は正確であったか<br>○業務改善の提案ができるか | |

　前記のように、社長さんのお仕事の内容によっては、具体的事例はもっと多種多様になるかと思います。このように、具体的にイメージできるのであれば、この具体的事例を達成度にして運営できれば、よりベターであると思います。

　その際にも、パレートの法則の「経済的成果の8割は、2割の仕事」を頭に入れて、基準を採用してください。これが、多くなってしまうと、社長さん自身の管理が難しくなり、従業員もなにをメインに気をつければいいのか分からなくなってしまうと思います。やがて面倒だから止めたということになってしまいます。

## 「その4　達成度の運用について」

これまで解説した三つの達成基準をまとめると次のようになると思います。これは社長さんの判断でいろいろなケースが考えられると思います。

「各ゾーン達成度基準一覧」

|  | 達成度 | | |
|---|---|---|---|
|  | 勤怠達成度 | 能力達成度 | 業績達成度 |
| Ⅴ型 |  | 企画力<br>判断力 | 仕事の量 |
| Ⅳ型 |  | 指導力<br>判断力 | 仕事の量 |
| Ⅲ型 | 責任性<br>積極性 | 指導力<br>折衝力 | 仕事の質 |
| Ⅱ型 | 規律性<br>責任性 | 知識<br>技術・技能 | 仕事の質 |
| Ⅰ型 | 規律性<br>責任性 | 知識<br>技能・技術 |  |

　一般的に人事制度の昇格の考え方には二つの考え方があります。
その一　卒業方式・・・これは現在の資格等級の要件を達成
　　　　　　　　　　したとき昇格させるもの
その二　入学方式・・・上位基準の仕事ができると判断した
　　　　　　　　　　ときに昇格させるもの。

**第4章　マズローの5段階欲求説を人事評価制度に連動させる**

　一般的には昇進は入学方式、昇格は卒業方式が多いようです。私は小規模企業では、昇進も昇格も区別しないで、同じ意味で考えていけばいいのではないかと思います。また、小規模企業では、卒業方式で、人事を決定していく方が、現実的であり、納得性もあるとおもわれます。

　それでは、一例をあげて検証してみたいと思います。先程の人事制度株式会社のAさんとCさんとFさんについて考えてみたいと思います。

A　入社1年　23歳　（男性）　新入社員レベルとにかく仕事を覚える
C　入社3年　35歳　（男性）　忙しくても一人でできる

F　入社8年　48歳　（男性）　責任者として任せることができる

　Aさんは新入社員です。現在Ⅰ型のゾーンですが、勤怠達成度の規律性と責任性そして能力達成度の知識と技能・技術の4要素の項目の達成度でほぼ、4項目とも出来ると社長が達成したと判断できれば、AさんはⅡ型のステージに移動できるということになってくると思います。4項目のうち2項目しか達成できなければ、毎年の昇給はするが、ゾーンはそのままになってくるということです。4項目のうち1項目し

か達成できなければ昇給もないということでいいのではないかと思います。

　Cさんであれば、現在Ⅱ型のゾーンですので。勤怠達成度は規律性と責任性、能力達成度は知識と技能・技術、業績達成度は仕事の質の5項目の要素で判断することになってきます。Ⅱ型は滞留年数2年から3年ですが、5項目がほぼ社長さんが達成できたと判断できれば、最短の2年でⅢ型へ移動することになります。また毎年の昇給につては、原則5項目のうち、3項目ができると判断できれば、昇給をさせるということになってきます。また、5項目のうち、1項目しか達成できないと判断されれば昇給はなしという判断でいいのではないかと思います。

　そして、Fさんであれば課長というとですので、指導力・判断力・仕事の量が求められます。この3項目が達成できれば、自己実現の部長になっていくわけですが、逆に、3項目全て達成できなければ、Ⅲ型のゾーンに異動ということもある訳です。

　この本の事例のように、すべての達成基準ができて、ゾーン移動ができるとか、半分以上達成すれば昇給できるとか、達成度が全滅の状態が継続すれば、以前のゾーンに移動するとかの考えは、何もこの本のように考えなくても社長さんのやり方で決めていけばいいと思います。

　このように、達成度基準で考えれば人事制度は大変分かり

やすいですし、賃金もそれにつれて連動していきますので、経済変動に影響を受けやすい小規模企業では、大変理にかなった運用が可能になってくるのではないかと思います。

いかがでしょうか？このように達成度基準による人事考課をしていけば、Ａさんの今後の改善すべきところと、ＣさんＦさんの改善するところなどが明確になってくることになります。

社長さんは、懇談のおりとか、日常のＯＪＴの仕事の中で、改善点の教育訓練を日常の中で取り組んでいけば、この人事制度はさらに会社の生産性や売り上げにも必ず反映されてくるものと思っています。

## 4 人事制度と賃金制度をリンクさせる

この節では、前節の達成度基準一覧とその基準と賃金の連動性について考えてみたいと思います。大企業では、一般的に職能資格制度を導入している企業も多くイメージは次の表のような感じです。

## 職能給表

| | 社員1級 | 社員2級 | 社員3級 | 社員4級 | 社員5級 | 社員6級 | 社員7級 | 社員8級 |
|---|---|---|---|---|---|---|---|---|
| 号差 | 600円 | 800円 | 1000円 | 1,200円 | 1,400円 | 1,600円 | 1,800円 | 2,000円 |
| 1号 | 155,000 | 170,000 | 189,000 | 210,000 | 250,000 | 300,000 | 385,000 | 470,000 |
| 2 | 155,600 | 170,800 | 190,000 | 211,200 | 251,400 | 301,600 | 386,800 | 472,000 |
| 3 | 156,200 | 171,600 | 191,000 | 212,400 | 252,800 | 303,200 | 388,600 | 474,000 |
| 4 | 156,800 | 172,400 | 192,000 | 213,600 | 254,200 | 304,800 | 390,400 | 476,000 |
| 5 | 157,400 | 173,200 | 193,000 | 214,800 | 255,600 | 306,400 | 392,200 | 478,000 |
| 6 | 158,000 | 174,000 | 194,000 | 216,000 | 257,000 | 308,000 | 394,000 | 480,000 |
| 7 | 158,600 | 174,800 | 195,000 | 217,200 | 258,400 | 309,600 | 395,800 | 482,000 |
| 8 | 159,200 | 175,600 | 196,000 | 218,400 | 259,800 | 311,200 | 397,600 | 484,000 |
| 9 | 159,800 | 176,400 | 197,000 | 219,600 | 261,200 | 312,800 | 399,400 | 486,000 |
| 10 | 160,400 | 177,200 | 198,000 | 220,800 | 262,600 | 314,400 | 401,200 | 488,000 |
| 11 | 161,000 | 178,000 | 199,000 | 222,000 | 264,000 | 316,000 | 403,000 | 490,000 |
| 12 | 161,600 | 178,800 | 200,000 | 223,200 | 265,400 | 317,600 | 404,800 | 492,000 |
| 13 | 162,200 | 179,600 | 201,000 | 224,400 | 266,800 | 319,200 | 406,600 | 494,000 |
| 14 | 162,800 | 180,400 | 202,000 | 225,600 | 268,200 | 320,800 | 408,400 | 496,000 |
| 15 | 163,400 | 181,200 | 203,000 | 226,800 | 269,600 | 322,400 | 410,200 | 498,000 |
| 16 | 164,000 | 182,000 | 204,000 | 228,000 | 271,000 | 324,000 | 412,000 | 500,000 |
| 17 | 164,600 | 182,800 | 205,000 | 229,200 | 272,400 | 325,600 | 413,800 | 502,000 |
| 18 | 165,200 | 183,600 | 206,000 | 230,400 | 273,800 | 327,200 | 415,600 | 504,000 |
| 19 | 165,800 | 184,400 | 207,000 | 231,600 | 275,200 | 328,800 | 417,400 | 506,000 |
| 20 | 166,400 | 185,200 | 208,000 | 232,800 | 276,600 | 330,400 | 419,200 | 508,000 |
| 21 | 167,000 | 186,000 | 209,000 | 234,000 | 278,000 | 332,000 | 421,000 | 510,000 |
| 22 | 167,600 | 186,800 | 210,000 | 235,200 | 279,400 | 333,600 | 422,800 | 512,000 |
| 23 | 168,200 | 187,600 | 211,000 | 236,400 | 280,800 | 335,200 | 424,600 | 514,000 |
| 24 | 168,800 | 188,400 | 212,000 | 237,600 | 282,200 | 336,800 | 426,400 | 516,000 |
| 25 | 169,400 | 189,200 | 213,000 | 238,800 | 283,600 | 338,400 | 428,200 | 518,000 |
| 26 | 170,000 | 190,200 | 214,000 | 240,000 | 285,000 | 340,000 | 430,000 | 520,000 |
| 27 | | | 215,000 | 241,200 | 286,400 | 341,600 | 431,800 | 522,000 |
| 28 | | | 216,000 | 242,400 | 287,800 | 343,200 | 433,600 | 524,000 |
| 29 | | | 217,000 | 243,600 | 289,200 | 344,800 | 435,400 | 526,000 |
| 30 | | | 218,000 | 244,800 | 290,600 | 346,400 | 437,200 | 528,000 |
| 31 | | | 219,000 | 246,000 | 292,000 | 348,000 | 439,000 | 530,000 |
| 32 | | | | 247,200 | 293,400 | 349,600 | 440,800 | 532,000 |
| 33 | | | | 248,400 | 294,800 | 351,200 | 442,600 | 534,000 |
| 34 | | | | 249,600 | 296,200 | 352,800 | 444,400 | 536,000 |
| 35 | | | | 250,800 | 297,600 | 354,400 | 446,200 | 538,000 |
| 36 | | | | 252,000 | 299,000 | 356,000 | 448,000 | 540,000 |
| 37 | | | | 253,200 | 300,400 | 357,600 | 449,800 | 542,000 |
| 38 | | | | 254,400 | 301,800 | 359,200 | 451,600 | 544,000 |
| 39 | | | | 255,600 | 303,200 | 360,800 | 453,400 | 546,000 |
| 40 | | | | 256,800 | 304,600 | 362,400 | 455,200 | 548,000 |
| 41 | | | | 258,000 | 306,000 | 364,000 | 457,000 | 550,000 |
| 42 | | | | | | 365,600 | 458,800 | 552,000 |
| 43 | | | | | | 367,200 | 460,600 | 554,000 |
| 44 | | | | | | 368,800 | 462,400 | 556,000 |
| 45 | | | | | | 370,400 | 464,200 | 558,000 |
| 46 | | | | | | 372,000 | 466,000 | 560,000 |
| 47 | | | | | | 373,600 | 467,800 | 562,000 |
| 48 | | | | | | 375,200 | 469,600 | 564,000 |
| 49 | | | | | | 376,800 | 471,400 | 566,000 |
| 50 | | | | | | 378,400 | 473,200 | 568,000 |
| 51 | | | | | | 380,000 | 475,000 | 570,000 |

### 第4章　マズローの5段階欲求説を人事評価制度に連動させる

　前記の表のように、1等級から8等級ぐらいに等級付けして、毎年1号2号と賃金が上がっていく、というものです。このシステムは役所や大企業では、人事担当者などの人材も豊富ですので十分機能発揮する制度ですが、小規模企業では運用しにくい制度であると私は思っています。まさしくランチェスターの法則からいえば、第2法則の間隔戦の法則による人事制度であると思います。

　これに対して、私の提案する達成度基準に連動した賃金制度の考え方は、ランチェスター法則の第1法則の一騎打ち戦の法則に該当してくるのではないかと思います。次に私の提案する賃金制度を紹介したいと思います。

「賃金の支給総額基準表」

| ゾーン | Ⅰ型<br>（新入社員）<br>16万円以上 | Ⅱ型<br>（主任等）<br>18万円以上 | Ⅲ型<br>（係長等）<br>20万円以上 | Ⅳ型<br>（課長等）<br>25万円以上 | Ⅴ型<br>（部長等）<br>30万円以上 |
|---|---|---|---|---|---|
| 賃金 | （総支給額） | （総支給額）<br>基本給<br>＋職務手当<br>等 合計 | （総支給額）<br>基本給<br>＋職務手当<br>＋役職手当<br>合計 | （総支給額）<br>基本給<br>＋職務手当<br>＋役職手当<br>合計 | （総支給額）<br>基本給<br>＋職務手当<br>＋役職手当<br>合計 |
| 滞留年数 | 1年から2年 | 2年から3年 | 3年から4年 | 4年から7年 | 退職まで |
| 時給 | 925円以上 | 1,040円以上 | 1,156円以上 | 1,445円以上 | 1,734円以上 |

この表を見ていただければお分かりかと思いますが、先ほどの職能資格制度のように、基本給はいくらかとは考えません。あくまでも、手当を含んだ支給総額を基準にする、支給総額基準による賃金との連動となっています。
　小規模企業の社長さんの日常の業務内容からみて、大企業のような、詳細な賃金表により定められた賃金の決定方法は、経済の変動にすぐ影響をうける小規模企業では、将来にわたる詳細な賃金まで保証し考えることは至難の技かと思います。そこで、この支給総額基準方式のような考え方で、とにかく課長になったら最低支給総額25万円は支給するという考えのほうが分かりやすいし、従業員も理解しやすい思います。じゃ基本給を決めていなければどのような、基本給と手当の組み合わせで支給すればいいのかと思われたかと思います。例えば課長であれば基本給18万円職務手当2万円役職手当5万円といった決め方で、支給されればいいと思います。役職手当5万円ですが、課長になってあまりにも基準達成率がわるければ、課長職を外して、5万円の役職手当を支給しないといった対応になってくると思います。ここで、社長さんにご理解していただきたいことは、一旦基本給を決定してしまうと、労働契約法等の法律により、なかなか基本給は簡単に減額できなくなってしまうということです。かりに、社長さんがこの人は是非我が社で採用したいと思い、Ⅳ型課長職待遇25万円でスカウトし採用するということであれば、基本

**第4章** マズローの5段階欲求説を人事評価制度に連動させる

給18万円調整手当2万円役職手当5万円といった内容で契約して、もし期待外れであれば1年後に役職手当と調整手当を外して18万円の基本給だけにするといった対策をとることが出来ます。このように、小規模企業では、基本給ありきではなく、最初に支給総額基準で賃金を考えて、個人の状況に応じて、手当をうまく活用して、最終的に基本給を決定していくやり方が、実態に合ったやり方ではないかと思います。支給総額基準表の一番下の欄に月額賃金の時給単価も計算してありますが、一時間の賃金がどれほど1型と5型では相違するか、一目瞭然です。また、パートなどの賃金を決める際にも大変参考になりますので、月額賃金を時給単価で表示することも必要な取り組みではないかと思います。タバコを仕事時間中に15分間Ⅴ型の人が吸えば433円も会社は損失です。

　次に、賃金の支給総額基準をきめる際になにか参考になるものはないかと、この本の読者の多くの社長さんは思われたのではないかと思います。その際に大変参考になるのが、厚生労働省が毎年発表している、賃金構造基本統計調査ではないかと思います。一般的には賃金センサスといわれています。インターネットのヤフー画面で「賃金構造基本統計調査・政府統計の総合調査」と入力していただければ、素人目にはどうせ、上場企業のデータしかないのではないかと思いがちですが、県別・従業員数別（10人以上100人以上、1000人以上など）年齢別の賃金・賞与・年収などの豊富なデータが提供

されています。しかもそのデータはすぐにダウンロードでき、無料です。ちなみに、その中のデータ（企業規模5～9人）をいくつか掲載しました。

## 平成24年賃金構造基本統計調査

年齢階級別きまって支給する現金給与額、所定内給与額及び年間賞与その他特別給与額（企業規模5～9人）

【産業計】

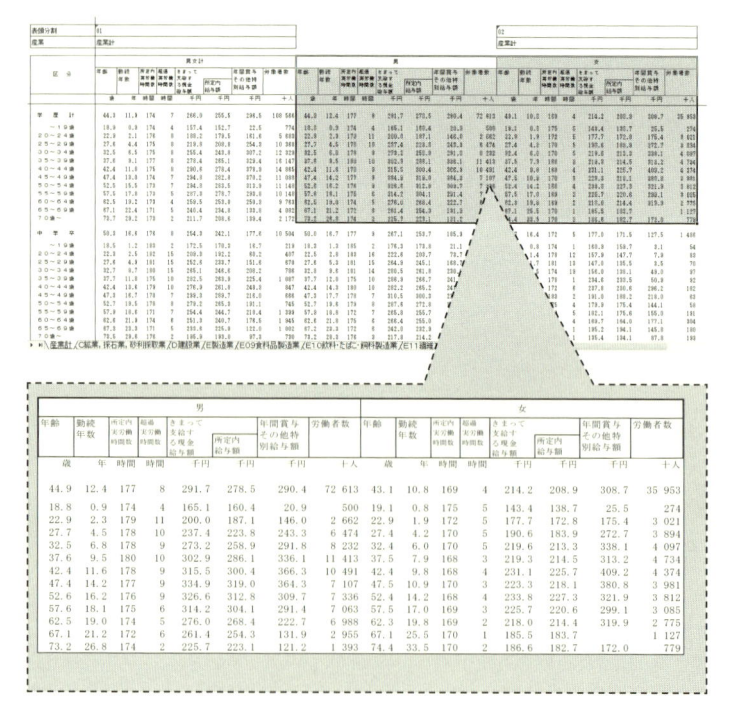

| 男 | | | | | | | 女 | | | | | | |
|---|---|---|---|---|---|---|---|---|---|---|---|---|---|
| 年齢 | 勤続年数 | 所定内実労働時間 | 超過実労働時間 | きまって支給する現金給与額 | 所定内給与額 | 年間賞与その他特別給与額 | 労働者数 | 年齢 | 勤続年数 | 所定内実労働時間 | 超過実労働時間 | きまって支給する現金給与額 | 所定内給与額 | 年間賞与その他特別給与額 | 労働者数 |
| 歳 | 年 | 時間 | 時間 | 千円 | 千円 | 千円 | 十人 | 歳 | 年 | 時間 | 時間 | 千円 | 千円 | 千円 | 十人 |
| 44.9 | 12.4 | 177 | 8 | 291.7 | 278.5 | 290.4 | 72 613 | 43.1 | 10.8 | 169 | 4 | 214.2 | 208.9 | 308.7 | 35 953 |
| 18.8 | 0.9 | 174 | 4 | 165.1 | 160.4 | 20.9 | 500 | 19.1 | 0.8 | 175 | 5 | 143.4 | 138.7 | 25.5 | 274 |
| 22.9 | 2.3 | 179 | 11 | 200.0 | 187.1 | 146.0 | 2 662 | 22.9 | 1.9 | 172 | 5 | 177.7 | 172.8 | 175.4 | 3 021 |
| 27.7 | 4.5 | 178 | 10 | 237.4 | 223.8 | 243.3 | 6 474 | 27.4 | 4.2 | 170 | 5 | 190.6 | 183.9 | 272.7 | 3 894 |
| 32.5 | 6.8 | 178 | 9 | 273.2 | 258.9 | 291.8 | 8 232 | 32.4 | 6.0 | 170 | 5 | 219.6 | 213.3 | 338.1 | 4 097 |
| 37.6 | 9.5 | 180 | 10 | 302.9 | 286.1 | 336.1 | 11 413 | 37.5 | 7.9 | 168 | 3 | 219.3 | 214.6 | 313.2 | 4 734 |
| 42.4 | 11.6 | 178 | 9 | 315.5 | 300.4 | 366.3 | 10 491 | 42.4 | 9.8 | 168 | 4 | 231.1 | 225.7 | 409.2 | 4 374 |
| 47.4 | 14.2 | 177 | 9 | 334.9 | 319.0 | 364.3 | 7 107 | 47.5 | 10.9 | 170 | 3 | 223.3 | 218.1 | 380.8 | 3 981 |
| 52.6 | 16.2 | 176 | 9 | 326.6 | 312.8 | 309.7 | 7 336 | 52.4 | 14.2 | 168 | 4 | 233.8 | 227.3 | 321.9 | 3 812 |
| 57.6 | 18.1 | 175 | 6 | 314.2 | 304.1 | 291.4 | 7 063 | 57.5 | 17.0 | 169 | 3 | 225.7 | 220.6 | 299.1 | 3 085 |
| 62.5 | 19.0 | 174 | 5 | 276.0 | 268.4 | 222.7 | 6 988 | 62.3 | 19.9 | 169 | 2 | 218.0 | 214.4 | 319.9 | 2 775 |
| 67.1 | 21.2 | 172 | 6 | 261.4 | 254.3 | 131.9 | 2 955 | 67.1 | 26.1 | 170 | 1 | 185.5 | 183.7 |  | 1 127 |
| 73.2 | 26.8 | 174 | 2 | 225.7 | 223.1 | 121.2 | 1 393 | 74.4 | 33.5 | 170 | 2 | 186.6 | 182.7 | 172.0 | 779 |

## 第4章 マズローの5段階欲求説を人事評価制度に連動させる

【D建設業】

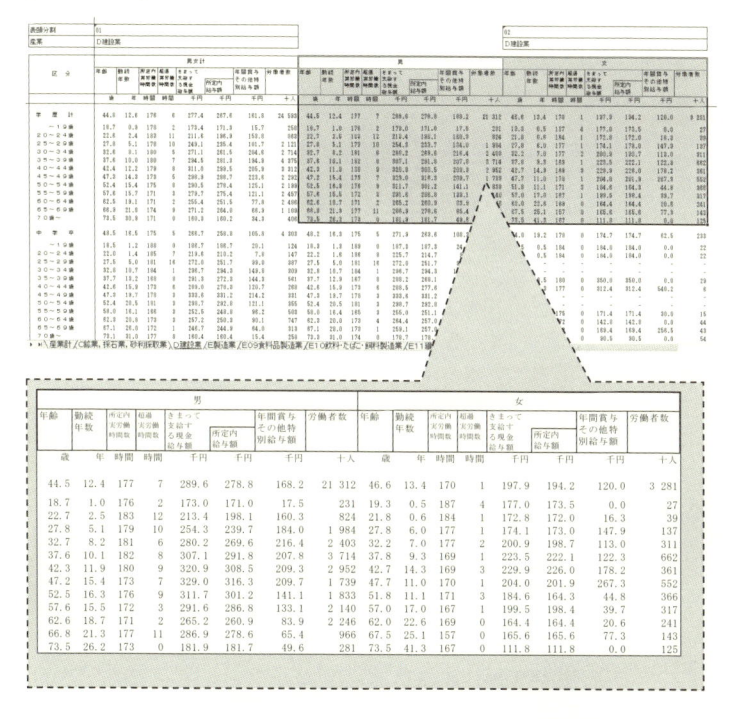

| 年齢 | 勤続年数 | 所定内実労働時間数 | 超過実労働時間数 | きまって支給する現金給与額 | 所定内給与額 | 年間賞与その他特別給与額 | 労働者数 | 年齢 | 勤続年数 | 所定内実労働時間数 | 超過実労働時間数 | きまって支給する現金給与額 | 所定内給与額 | 年間賞与その他特別給与額 | 労働者数 |
|---|---|---|---|---|---|---|---|---|---|---|---|---|---|---|---|
| 歳 | 年 | 時間 | 時間 | 千円 | 千円 | 千円 | 十人 | 歳 | 年 | 時間 | 時間 | 千円 | 千円 | 千円 | 十人 |
| 44.5 | 12.4 | 177 | 7 | 289.6 | 278.8 | 168.2 | 21 312 | 46.6 | 13.4 | 170 | 1 | 197.9 | 194.2 | 120.0 | 3 281 |
| 18.7 | 1.0 | 176 | 2 | 173.0 | 171.0 | 17.5 | 231 | 19.3 | 0.5 | 187 | 4 | 177.0 | 173.5 | 0.0 | 27 |
| 22.7 | 2.5 | 183 | 12 | 213.4 | 198.1 | 160.3 | 824 | 21.8 | 0.6 | 184 | 1 | 172.8 | 172.0 | 16.3 | 39 |
| 27.8 | 5.1 | 179 | 10 | 254.3 | 239.7 | 184.0 | 1 984 | 27.8 | 6.0 | 177 | 1 | 174.1 | 173.0 | 147.9 | 137 |
| 32.7 | 8.2 | 181 | 6 | 280.2 | 269.6 | 216.4 | 2 403 | 32.2 | 7.0 | 177 | 2 | 200.9 | 198.7 | 113.0 | 311 |
| 37.6 | 10.1 | 182 | 8 | 307.1 | 291.8 | 207.8 | 3 714 | 37.8 | 9.3 | 169 | 1 | 223.5 | 222.1 | 122.3 | 662 |
| 42.3 | 11.9 | 180 | 9 | 320.9 | 308.5 | 209.3 | 2 952 | 42.7 | 14.3 | 169 | 3 | 229.9 | 226.0 | 178.2 | 361 |
| 47.2 | 15.4 | 173 | 7 | 329.0 | 316.3 | 209.7 | 1 739 | 47.7 | 11.0 | 170 | 1 | 204.0 | 201.9 | 267.3 | 552 |
| 52.5 | 16.3 | 176 | 3 | 311.7 | 301.2 | 141.1 | 1 833 | 51.8 | 11.1 | 171 | 3 | 184.6 | 164.3 | 44.8 | 366 |
| 57.6 | 15.5 | 172 | 3 | 291.6 | 286.8 | 133.1 | 2 140 | 57.0 | 17.7 | 167 | 1 | 199.5 | 198.4 | 39.7 | 317 |
| 62.6 | 18.7 | 171 | 2 | 265.2 | 260.9 | 83.9 | 2 246 | 62.0 | 22.6 | 169 | 0 | 164.4 | 164.4 | 20.6 | 241 |
| 66.8 | 21.3 | 177 | 11 | 286.9 | 278.4 | 4 | 966 | 67.5 | 25.1 | 157 | 0 | 165.6 | 165.6 | 77.3 | 143 |
| 73.5 | 26.2 | 173 | 0 | 181.9 | 181.7 | 49.6 | 281 | 73.5 | 41.3 | 167 | 0 | 111.8 | 111.8 | 0.0 | 125 |

## 【E製造業】

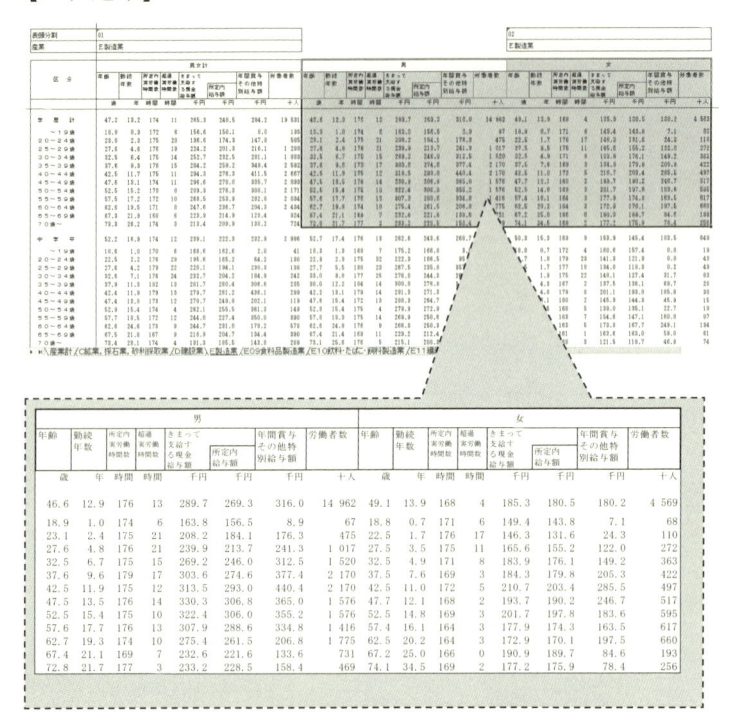

| | | | 男 | | | | | | | | 女 | | | | |
|---|---|---|---|---|---|---|---|---|---|---|---|---|---|---|---|
| 年齢 | 勤続年数 | 所定内実労働時間数 | 超過実労働時間数 | きまって支給する現金給与額 | 所定内給与額 | 年間賞与その他特別給与額 | 労働者数 | 年齢 | 勤続年数 | 所定内実労働時間数 | 超過実労働時間数 | きまって支給する現金給与額 | 所定内給与額 | 年間賞与その他特別給与額 | 労働者数 |
| 歳 | 年 | 時間 | 時間 | 千円 | 千円 | 千円 | 十人 | 歳 | 年 | 時間 | 時間 | 千円 | 千円 | 千円 | 十人 |
| 46.6 | 12.9 | 176 | 13 | 289.7 | 269.3 | 316.0 | 14 962 | 49.1 | 13.9 | 168 | 4 | 185.3 | 180.5 | 180.2 | 4 569 |
| 18.9 | 1.0 | 174 | 6 | 163.8 | 156.5 | 8.9 | 67 | 18.8 | 0.7 | 171 | 6 | 149.4 | 143.8 | 7.1 | 68 |
| 23.1 | 2.4 | 175 | 21 | 208.2 | 184.1 | 176.3 | 475 | 22.5 | 1.7 | 176 | 17 | 146.3 | 131.6 | 24.3 | 110 |
| 27.6 | 4.8 | 176 | 21 | 239.9 | 213.7 | 241.3 | 1 017 | 27.5 | 3.5 | 175 | 11 | 165.6 | 155.2 | 122.0 | 272 |
| 32.5 | 6.7 | 175 | 15 | 269.2 | 246.0 | 312.5 | 1 520 | 32.5 | 6.0 | 171 | 8 | 183.9 | 176.1 | 149.2 | 363 |
| 37.6 | 9.6 | 179 | 17 | 303.6 | 274.6 | 377.4 | 2 170 | 37.5 | 7.6 | 169 | 3 | 184.3 | 179.8 | 205.3 | 422 |
| 42.5 | 11.9 | 175 | 12 | 315.5 | 293.0 | 440.4 | 2 170 | 42.5 | 11.0 | 172 | 5 | 210.7 | 203.4 | 285.5 | 497 |
| 47.5 | 13.5 | 176 | 14 | 330.3 | 306.8 | 365.0 | 1 576 | 47.7 | 12.1 | 168 | 2 | 193.7 | 190.2 | 246.7 | 517 |
| 52.5 | 15.4 | 175 | 10 | 322.4 | 306.0 | 355.2 | 1 576 | 52.5 | 14.8 | 168 | 3 | 201.7 | 197.8 | 183.6 | 595 |
| 57.6 | 17.7 | 176 | 10 | 307.9 | 288.6 | 334.8 | 1 416 | 57.4 | 16.1 | 164 | 3 | 168.5 | 163.5 | 163.5 | 617 |
| 62.7 | 19.5 | 175 | 7 | 275.4 | 261.5 | 206.8 | 1 775 | 62.5 | 20.2 | 164 | 2 | 172.9 | 170.1 | 197.5 | 660 |
| 67.4 | 21.1 | 169 | 7 | 232.6 | 221.6 | 133.6 | 731 | 67.2 | 25.0 | 166 | 0 | 190.7 | 189.7 | 84.6 | 193 |
| 72.8 | 21.7 | 177 | 3 | 233.2 | 228.5 | 158.4 | 469 | 74.1 | 34.5 | 169 | 2 | 177.2 | 175.9 | 78.4 | 256 |

## 第4章　マズローの5段階欲求説を人事評価制度に連動させる

【H運輸業、郵便業】

| | | | 男 | | | | | | | | | 女 | | | | |
|---|---|---|---|---|---|---|---|---|---|---|---|---|---|---|---|---|
| 年齢 | 勤続年数 | 所定内実労働時間数 | 超過実労働時間数 | きまって支給する現金給与額 | 所定内給与額 | 年間賞与その他特別給与額 | 労働者数 | 年齢 | 勤続年数 | 所定内実労働時間数 | 超過実労働時間数 | きまって支給する現金給与額 | 所定内給与額 | 年間賞与その他特別給与額 | 労働者数 |
| 歳 | 年 | 時間 | 時間 | 千円 | 千円 | 千円 | 十人 | 歳 | 年 | 時間 | 時間 | 千円 | 千円 | 千円 | 十人 |
| 47.5 | 10.3 | 177 | 15 | 272.1 | 250.6 | 257.7 | 3 461 | 47.1 | 12.7 | 165 | 4 | 203.1 | 197.2 | 197.4 | 454 |
| 18.4 | 0.5 | 185 | 15 | 179.4 | 158.0 | 0.0 | 1 | - | - | - | - | - | - | - | - |
| 23.7 | 2.0 | 176 | 8 | 201.8 | 189.4 | 124.9 | 48 | 22.2 | 2.0 | 176 | 8 | 214.7 | 205.8 | 175.4 | 8 |
| 28.5 | 4.9 | 180 | 15 | 267.3 | 249.4 | 437.0 | 184 | 27.0 | 4.8 | 165 | 14 | 183.0 | 166.1 | 195.0 | 15 |
| 32.9 | 5.7 | 180 | 14 | 274.0 | 252.9 | 262.4 | 296 | 32.2 | 4.8 | 156 | 6 | 219.5 | 210.9 | 258.4 | 42 |
| 37.8 | 7.5 | 179 | 14 | 280.8 | 260.4 | 180.1 | 444 | 37.5 | 9.2 | 175 | 6 | 187.6 | 180.5 | 235.4 | 58 |
| 42.6 | 8.1 | 177 | 20 | 279.2 | 249.8 | 248.0 | 587 | 42.8 | 8.7 | 169 | 3 | 200.6 | 197.0 | 140.7 | 95 |
| 47.1 | 10.6 | 178 | 19 | 299.7 | 270.6 | 349.8 | 417 | 47.9 | 12.3 | 163 | 7 | 211.5 | 198.5 | 196.0 | 53 |
| 52.7 | 11.9 | 177 | 14 | 279.6 | 258.5 | 318.3 | 469 | 52.6 | 16.4 | 162 | 3 | 205.9 | 200.9 | 232.0 | 67 |
| 57.5 | 13.8 | 178 | 16 | 274.3 | 251.9 | 270.3 | 443 | 57.8 | 19.8 | 164 | 1 | 222.6 | 221.1 | 170.1 | 57 |
| 62.7 | 15.1 | 173 | 8 | 240.9 | 231.2 | 180.6 | 410 | 62.2 | 15.4 | 169 | 3 | 220.4 | 215.8 | 385.4 | 27 |
| 67.4 | 15.7 | 172 | 12 | 230.9 | 217.4 | 93.5 | 133 | 66.3 | 23.7 | 150 | 0 | 169.0 | 160.8 | 56.7 | 26 |
| 72.3 | 18.0 | 169 | 6 | 204.4 | 198.9 | 28.3 | 30 | 76.3 | 30.7 | 166 | 0 | 147.7 | 147.7 | 39.7 | 8 |

## 【K69不動産賃貸業・管理業】

| | 男 | | | | | | | 女 | | | | | |
|---|---|---|---|---|---|---|---|---|---|---|---|---|---|
| 年齢 | 勤続年数 | 所定内実労働時間数 | 超過実労働時間数 | きまって支給する現金給与額 | 所定内給与額 | 年間賞与その他特別給与額 | 労働者数 | 年齢 | 勤続年数 | 所定内実労働時間数 | 超過実労働時間数 | きまって支給する現金給与額 | 所定内給与額 | 年間賞与その他特別給与額 | 労働者数 |
| 歳 | 年 | 時間 | 時間 | 千円 | 千円 | 千円 | 十人 | 歳 | 年 | 時間 | 時間 | 千円 | 千円 | 千円 | 十人 |
| 50.0 | 9.9 | 166 | 9 | 331.6 | 314.5 | 407.6 | 438 | 47.6 | 11.5 | 168 | 4 | 230.4 | 224.7 | 369.8 | 331 |
| | | | | | | | | 18.5 | 0.5 | 174 | 0 | 153.0 | 153.0 | 0.0 | 1 |
| 24.5 | 2.0 | 182 | 0 | 162.6 | 162.6 | 0.0 | 2 | 23.7 | 1.6 | 184 | 6 | 193.7 | 187.6 | 158.8 | 13 |
| 28.4 | 2.7 | 165 | 2 | 207.7 | 205.4 | 109.4 | 21 | 26.9 | 3.7 | 185 | 3 | 190.3 | 186.6 | 277.6 | 33 |
| 32.2 | 5.6 | 175 | 6 | 270.0 | 257.3 | 605.7 | 40 | 32.8 | 5.9 | 169 | 6 | 210.2 | 203.1 | 151.1 | 22 |
| 37.3 | 7.3 | 172 | 3 | 287.0 | 282.8 | 584.8 | 46 | 38.1 | 9.9 | 168 | 2 | 201.6 | 198.9 | 566.6 | 39 |
| 42.8 | 7.1 | 167 | 15 | 375.3 | 344.8 | 583.4 | 72 | 42.3 | 8.2 | 160 | 4 | 250.1 | 245.7 | 383.8 | 36 |
| 47.6 | 12.6 | 164 | 1 | 381.2 | 379.9 | 551.5 | 25 | 48.0 | 13.3 | 167 | 6 | 273.5 | 261.4 | 258.0 | 55 |
| 53.2 | 6.8 | 172 | 2 | 425.7 | 423.0 | 219.1 | 58 | 52.6 | 10.3 | 167 | 2 | 245.5 | 241.5 | 273.0 | 21 |
| 57.4 | 19.8 | 165 | 24 | 422.8 | 369.0 | 266.5 | 65 | 58.1 | 18.0 | 163 | 5 | 253.0 | 245.9 | 447.9 | 45 |
| 62.8 | 8.9 | 161 | 6 | 256.0 | 247.8 | 386.3 | 66 | 63.5 | 14.5 | 173 | 5 | 238.3 | 233.4 | 397.2 | 41 |
| 68.2 | 9.1 | 152 | 0 | 292.6 | 292.2 | 448.1 | 27 | 67.3 | 21.4 | 156 | 0 | 182.4 | 182.3 | 694.5 | 14 |
| 73.5 | 22.2 | 158 | 13 | 190.0 | 172.4 | 121.3 | 16 | 78.6 | 16.0 | 181 | 0 | 172.1 | 172.1 | 489.6 | 12 |

88

### 第4章　マズローの5段階欲求説を人事評価制度に連動させる

## 【M宿泊業，飲食サービス業】

| 年齢 | 勤続年数 | 所定内実労働時間数 | 超過実労働時間数 | きまって支給する現金給与額 | 所定内給与額 | 年間賞与その他特別給与額 | 労働者数 | 年齢 | 勤続年数 | 所定内実労働時間数 | 超過実労働時間数 | きまって支給する現金給与額 | 所定内給与額 | 年間賞与その他特別給与額 | 労働者数 |
|---|---|---|---|---|---|---|---|---|---|---|---|---|---|---|---|
| 歳 | 年 | 時間 | 時間 | 千円 | 千円 | 千円 | 十人 | 歳 | 年 | 時間 | 時間 | 千円 | 千円 | 千円 | 十人 |
| 43.8 | 10.9 | 197 | 5 | 258.3 | 250.0 | 159.1 | 2 200 | 48.5 | 11.9 | 182 | 4 | 178.2 | 174.1 | 84.5 | 1 559 |
| 18.8 | 1.3 | 172 | 5 | 139.3 | 134.8 | 30.2 | 21 | 19.2 | 0.9 | 169 | 5 | 134.0 | 130.2 | 11.1 | 15 |
| 23.0 | 2.7 | 170.6 | 6 | 170.6 | 164.6 | 128.9 | 103 | 22.5 | 2.4 | 173 | 7 | 141.7 | 139.8 | 19.9 | 101 |
| 27.8 | 4.3 | 188 | 7 | 206.8 | 196.7 | 74.7 | 260 | 27.8 | 4.7 | 177 | 11 | 197.9 | 181.8 | 95.9 | 62 |
| 32.2 | 5.6 | 200 | 5 | 242.2 | 235.8 | 130.2 | 258 | 31.8 | 4.6 | 182 | 4 | 188.3 | 182.7 | 38.5 | 136 |
| 37.6 | 9.0 | 206 | 5 | 270.3 | 258.9 | 213.7 | 383 | 37.3 | 8.1 | 180 | 2 | 199.7 | 196.4 | 63.0 | 151 |
| 42.2 | 10.2 | 204 | 5 | 279.7 | 270.8 | 151.8 | 294 | 42.5 | 9.3 | 171 | 5 | 194.5 | 187.5 | 67.1 | 171 |
| 47.5 | 14.0 | 201 | 8 | 280.2 | 261.1 | 149.6 | 158 | 47.6 | 9.8 | 189 | 2 | 151.6 | 148.7 | 61.6 | 153 |
| 52.8 | 13.8 | 195 | 3 | 266.1 | 258.5 | 142.1 | 194 | 53.1 | 12.3 | 182 | 4 | 180.5 | 176.2 | 137.3 | 124 |
| 57.4 | 14.0 | 183 | 5 | 283.8 | 277.7 | 227.5 | 141 | 57.9 | 14.2 | 179 | 1 | 171.1 | 169.2 | 108.7 | 245 |
| 62.6 | 20.5 | 201 | 2 | 302.7 | 299.5 | 242.1 | 228 | 62.6 | 16.6 | 188 | 4 | 183.4 | 178.6 | 119.0 | 228 |
| 66.6 | 14.2 | 190 | 2 | 255.9 | 252.2 | 123.5 | 103 | 66.7 | 23.0 | 195 | 2 | 187.2 | 185.7 | 121.1 | 134 |
| 72.9 | 27.5 | 201 | 0 | 255.6 | 255.6 | 97.3 | 58 | 72.8 | 29.5 | 181 | 2 | 151.0 | 149.1 | 23.1 | 40 |

89

# 【N生活関連サービス業、娯楽業】

| | 男 | | | | | | | 女 | | | | | |
|---|---|---|---|---|---|---|---|---|---|---|---|---|---|
| 年齢 | 勤続年数 | 所定内実労働時間数 | 超過実労働時間数 | きまって支給する現金給与額 | 所定内給与額 | 年間賞与その他特別給与額 | 労働者数 | 年齢 | 勤続年数 | 所定内実労働時間数 | 超過実労働時間数 | きまって支給する現金給与額 | 所定内給与額 | 年間賞与その他特別給与額 | 労働者数 |
| 歳 | 年 | 時間 | 時間 | 千円 | 千円 | 千円 | 十人 | 歳 | 年 | 時間 | 時間 | 千円 | 千円 | 千円 | 十人 |
| 41.2 | 10.0 | 182 | 4 | 259.0 | 252.3 | 184.3 | 1 733 | 36.9 | 8.8 | 179 | 3 | 206.1 | 202.6 | 119.9 | 1 655 |
| 19.2 | 0.8 | 170 | 12 | 166.7 | 150.8 | 0.0 | 19 | 19.0 | 1.0 | 195 | 8 | 150.8 | 148.1 | 23.0 | 25 |
| 22.8 | 2.4 | 179 | 4 | 172.5 | 168.1 | 19.8 | 157 | 22.7 | 2.3 | 183 | 1 | 164.1 | 162.8 | 47.9 | 305 |
| 27.4 | 4.6 | 183 | 3 | 210.8 | 206.5 | 75.3 | 273 | 27.2 | 4.7 | 180 | 3 | 198.6 | 195.0 | 77.0 | 335 |
| 32.5 | 6.6 | 179 | 4 | 254.4 | 248.4 | 169.7 | 252 | 32.0 | 6.7 | 179 | 3 | 219.9 | 216.6 | 122.6 | 237 |
| 37.4 | 8.2 | 181 | 6 | 283.8 | 275.2 | 261.1 | 230 | 37.1 | 9.0 | 178 | 1 | 222.7 | 220.8 | 166.8 | 157 |
| 42.4 | 10.4 | 176 | 5 | 287.8 | 277.6 | 287.9 | 162 | 42.7 | 10.9 | 175 | 5 | 212.6 | 207.3 | 196.3 | 125 |
| 46.8 | 12.9 | 206 | 6 | 324.4 | 312.2 | 195.0 | 160 | 47.5 | 15.0 | 182 | 5 | 236.1 | 230.2 | 182.4 | 133 |
| 52.3 | 17.4 | 188 | 4 | 322.4 | 313.7 | 393.3 | 153 | 52.1 | 13.2 | 177 | 5 | 221.3 | 214.8 | 114.3 | 123 |
| 56.9 | 17.4 | 191 | 2 | 296.5 | 292.6 | 208.7 | 107 | 57.6 | 19.6 | 173 | 1 | 263.1 | 255.5 | | 110 |
| 62.8 | 17.2 | 173 | 2 | 282.3 | 278.9 | 230.2 | 115 | 62.4 | 20.3 | 173 | 2 | 189.0 | 187.4 | 146.2 | 66 |
| 67.5 | 16.2 | 160 | 1 | 212.7 | 211.5 | 70.3 | 60 | 67.3 | 17.7 | 171 | 1 | 176.1 | 174.8 | 36.7 | 27 |
| 74.1 | 20.4 | 146 | 1 | 153.1 | 152.6 | 51.1 | 46 | 72.4 | 26.8 | 172 | 1 | 154.5 | 153.5 | 59.5 | 13 |

## 第4章 マズローの5段階欲求説を人事評価制度に連動させる

いかがですか？業界ごとのデータが出ていますので、この表をみれば、ある程度自分の業界の年代別の賃金の支給状況や賞与などの総額も分かります。このような資料により、ある程度の世間相場は把握できるのではないかと思います。

この世間相場の賃金のことに関しては、私の「サッと作れる小規模企業の賃金制度」（経営書院）に詳しく解説しておりますので、ご参考にしていただければ幸いです。

今回の本の支給総額基準はあくまでも参考のデータですので、社長さんのお考えで、我が社はこの支給総額でいくと決めていただければいいのではないかと思います。

さらにご参考のために、人事院の世帯人員別標準生計費平成24年4月のデータを掲載します。

費用別、世帯人員別標準生計費（平成24年4月）　　人事院　単位：円

| 費目＼世帯人員 | 1人 | 2人 | 3人 | 4人 | 5人 |
|---|---|---|---|---|---|
| 食 料 費 | 26,280 | 36,630 | 46,030 | 55,440 | 64,850 |
| 住 居 関 係 費 | 46,400 | 49,330 | 45,330 | 41,330 | 37,340 |
| 被 服・履 物 費 | 4,420 | 6,110 | 7,880 | 9,650 | 11,420 |
| 雑　　費　Ⅰ | 29,760 | 53,210 | 69,550 | 85,890 | 102,220 |
| 雑　　費　Ⅱ | 10,680 | 30,570 | 33,160 | 35,740 | 38,330 |
| 計 | 117,540 | 175,850 | 201,950 | 228,050 | 254,160 |

このような、資料もご参考にしていただければ、支給総額

基準の金額はある程度見えてくるのではないかと思います。

次にⅠ型から入社してきて先ほどの事例の人事制度株式会社のAさんの退職までの、賃金のシュミレーションをしてみたいと思います。社長さんも一度従業員をこの事例のようにシュミレーションされることをお勧めします。

### 賃金シミュレーション最短コース

| 年齢 | ライフスタイル | 基本給 | 昇給 | 職務手当 | 役職手当 | 家族手当 | 賃金総額 | 賞与 | 年収 |
|---|---|---|---|---|---|---|---|---|---|
| 20 | | | | | | | | | |
| 21 | | | | | | | | | |
| 22 | | | | | | | | | |
| 23 | 入社 | 160,000 | | | | | 160,000 | 0 | 1,920,000 |
| 24 | 主任 | 170,000 | 10,000 | 10,000 | | | 180,000 | 360,000 | 2,520,000 |
| 25 | | 180,000 | 10,000 | 10,000 | | | 190,000 | 380,000 | 2,660,000 |
| 26 | 係長 | 190,000 | 10,000 | | 10,000 | | 200,000 | 400,000 | 2,800,000 |
| 27 | | 200,000 | 10,000 | | 10,000 | | 210,000 | 420,000 | 2,940,000 |
| 28 | | 210,000 | 10,000 | | 10,000 | | 220,000 | 440,000 | 3,080,000 |
| 29 | 課長 | 220,000 | 10,000 | | 30,000 | | 250,000 | 500,000 | 3,500,000 |
| 30 | 第一子誕生 | 230,000 | 10,000 | | 30,000 | 5,000 | 265,000 | 530,000 | 3,710,000 |
| 31 | | 240,000 | 10,000 | | 30,000 | 5,000 | 275,000 | 550,000 | 3,850,000 |
| 32 | | 245,000 | 5,000 | | 30,000 | 5,000 | 280,000 | 560,000 | 3,920,000 |
| 33 | 部長 | 245,000 | 0 | | 50,000 | 5,000 | 300,000 | 600,000 | 4,200,000 |
| 34 | | 250,000 | 5,000 | | 50,000 | 5,000 | 305,000 | 610,000 | 4,270,000 |
| 35 | | 255,000 | 5,000 | | 50,000 | 5,000 | 310,000 | 620,000 | 4,340,000 |
| 36 | 第二子誕生 | 260,000 | 5,000 | | 50,000 | 10,000 | 320,000 | 640,000 | 4,480,000 |
| 37 | | 260,000 | 0 | | 50,000 | 10,000 | 320,000 | 640,000 | 4,480,000 |
| 38 | | 260,000 | 0 | | 50,000 | 10,000 | 320,000 | 640,000 | 4,480,000 |
| 39 | | 260,000 | 0 | | 50,000 | 10,000 | 320,000 | 640,000 | 4,480,000 |
| 40 | | 260,000 | 0 | | 50,000 | 10,000 | 320,000 | 640,000 | 4,480,000 |
| 41 | | 260,000 | 0 | | 50,000 | 10,000 | 320,000 | 640,000 | 4,480,000 |
| 42 | 退職 | 260,000 | 0 | | 50,000 | 10,000 | 320,000 | 640,000 | 4,480,000 |
| 43 | | | | | | | | | |
| 44 | | | | | | | | | |
| 45 | | | | | | | | | |
| 46 | | | | | | | | | |
| 47 | | | | | | | | | |
| 48 | | | | | | | | | |
| 49 | | | | | | | | | |
| 50 | | 4,615,000 | | 20,000 | 650,000 | 100,000 | 5,385,000 | 10,450,000 | 75,070,000 |

## 第4章 マズローの5段階欲求説を人事評価制度に連動させる

### 賃金シミュレーション一般コース

| 年齢 | ライフスタイル | 基本給 | 昇給 | 職務手当 | 役職手当 | 家族手当 | 賃金総額 | 賞与 | 年収 |
|---|---|---|---|---|---|---|---|---|---|
| 20 | | | | | | | | | |
| 21 | | | | | | | | | |
| 22 | | | | | | | | | |
| 23 | 入社 | 160,000 | | | | | 160,000 | 0 | 1,920,000 |
| 24 | | 165,000 | 5,000 | | | | 165,000 | 330,000 | 2,310,000 |
| 25 | 主任 | 170,000 | 5,000 | 10,000 | | | 180,000 | 360,000 | 2,520,000 |
| 26 | | 180,000 | 10,000 | 10,000 | | | 190,000 | 380,000 | 2,660,000 |
| 27 | | 190,000 | 10,000 | 10,000 | | | 200,000 | 400,000 | 2,800,000 |
| 28 | 係長 | 190,000 | 0 | | 10,000 | | 200,000 | 400,000 | 2,800,000 |
| 29 | | 195,000 | 5,000 | | 10,000 | | 205,000 | 410,000 | 2,870,000 |
| 30 | 第一子誕生 | 200,000 | 5,000 | | 10,000 | 5,000 | 215,000 | 430,000 | 3,010,000 |
| 31 | | 205,000 | 5,000 | | 10,000 | 5,000 | 220,000 | 440,000 | 3,080,000 |
| 32 | 課長 | 215,000 | 10,000 | | 30,000 | 5,000 | 250,000 | 500,000 | 3,500,000 |
| 33 | | 220,000 | 5,000 | | 30,000 | 5,000 | 255,000 | 510,000 | 3,570,000 |
| 34 | | 220,000 | 0 | | 30,000 | 5,000 | 255,000 | 510,000 | 3,570,000 |
| 35 | | 225,000 | 5,000 | | 30,000 | 5,000 | 260,000 | 520,000 | 3,640,000 |
| 36 | 第二子誕生 | 225,000 | 0 | | 30,000 | 10,000 | 265,000 | 530,000 | 3,710,000 |
| 37 | | 230,000 | 5,000 | | 30,000 | 10,000 | 270,000 | 540,000 | 3,780,000 |
| 38 | | 235,000 | 5,000 | | 30,000 | 10,000 | 275,000 | 550,000 | 3,850,000 |
| 39 | 部長 | 240,000 | 5,000 | | 50,000 | 10,000 | 300,000 | 600,000 | 4,200,000 |
| 40 | | 250,000 | 10,000 | | 50,000 | 10,000 | 310,000 | 620,000 | 4,340,000 |
| 41 | | 255,000 | 5,000 | | 50,000 | 10,000 | 315,000 | 630,000 | 4,410,000 |
| 42 | 退職 | 260,000 | 5,000 | | 50,000 | 10,000 | 320,000 | 640,000 | 4,480,000 |
| 43 | | | | | | | | | |
| 44 | | | | | | | | | |
| 45 | | | | | | | | | |
| 46 | | | | | | | | | |
| 47 | | | | | | | | | |
| 48 | | | | | | | | | |
| 49 | | | | | | | | | |
| 50 | | 4,230,000 | | 30,000 | 450,000 | 100,000 | 4,810,000 | 9,300,000 | 67,020,000 |

　いかがでしょうか？最短でゾーン異動したケースと一般的なケースで、入社事例のAさんの場合で作成してみました。小規模企業では、定年までの勤務は少ないと思われますので、42歳で、退職したものとして、シュミレーションはしてあります。いかがですか、このシュミレーションのように、支給総額方式で考えると、家族手当等も含んで計算してあります

ので、家族が多く家族手当の多い方が、先輩より賃金が多くなってしまうといったことがなくなってきます。

　また、職能資格制度のように、賃金が固定されていないので、個人の状況と全体のバランスを考えながら、基本給などの賃金の決定をすることができます。

　前記の表をみると、最短と一般では年収にして19年間で約1千万円違うというのも、驚きでありました。

　私は、小規模企業では、ゾーン別で、最低保証の賃金を周知するなかで、基本給とか手当のトータルの賃金額による賃金の決め方が最も分かりやすいし、運用しやすいのではないかと思います。

## 5 社長のこれまでの直感の人事制度が形になる（三村式人事制度）

　これまで、お読みいただきいくらか、私の提案する人事制度のイメージがつきましたでしょうか？人事の専門家の中には、私の提案する制度はおかしいとか、人事評価はそのように単純に決めるものではないとか、いろいろな意見があると思います。私はそのような中でこの本を読んでいただき、参考になった、これならうちの会社でも明日からできると思っていただけたら、私のこのうえない喜びであります。

　いかがですか？これまで社長さんの頭の中にあった、人事

## 第4章　マズローの5段階欲求説を人事評価制度に連動させる

がいくらかでも形なってきたのではないかと思います。私はこれらの人事制度のシステムを三村式人事制度として、ネーミングしていきたいと思っています。もう一度三村式人事制度の流れを復習してみたいと思います。

「ステップその1」
　職務関連表にあなたの会社の従業員を入社順に記入する
経営理念を記載する

マズローの欲求五段階説と職務の関連表

「会社の経営理念」

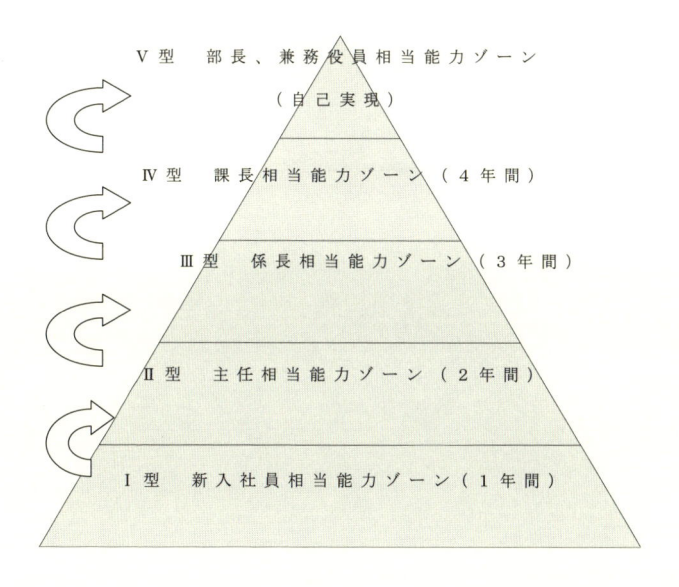

Ⅴ型　部長、兼務役員相当能力ゾーン
　　　　　（自己実現）

Ⅳ型　課長相当能力ゾーン（4年間）

Ⅲ型　係長相当能力ゾーン（3年間）

Ⅱ型　主任相当能力ゾーン（2年間）

Ⅰ型　新入社員相当能力ゾーン（1年間）

「ステップその２」

　職務関連表を見ながら、実際の従業員の能力と、入社順のステップ３の職務基準表とのズレを修正して再度職務関連表に修正した内容の職務関連表に作りかえる。

「ステップその３」

　あなたの会社の実態にあった内容の職務基準表を作成する。

職務基準表

| 職務レベル | 職務基準要件 | 必要となる職務能力の知識 | 役職をつけるとしたら | 滞留年数 |
|---|---|---|---|---|
| Ⅴ型<br>自己実現の欲求 | 会社の方針を把握し、会社の社長の右腕としての立場でも仕事ができ、また社長に対して企画立案などのマネジメントもできる | ○売上を上げることができる<br>○企画立案力<br>○問題解決能力<br>○責任感 | 部長<br>兼務役員 | 定年か退職 |
| Ⅳ型<br>承認の欲求 | 会社の方針を把握し、会社全体の業務も十分遂行できるようになり部下の指導も十分できる | ○売上を上げることができる<br>○指導力<br>○リーダーシップが取れる<br>○リスク管理力 | 課長 | 4～7年 |
| Ⅲ型<br>親和の欲求 | 担当業務を十分に遂行できるようになり新入社員などに指導もできるようになる | ○確実な行動<br>○指導力<br>○持続力がある | 係長 | 3～4年 |
| Ⅱ型<br>安全の要求 | 仕事の指示を受け、自らの創意工夫で業務がこなせるようになる | ○正確な行動<br>○持続力がある<br>○専門的技術 | 主任 | 2～3年 |
| Ⅰ型<br>生理的な欲求 | 新入社員として基本的な仕事を早く覚える | ○素直な行動<br>○持続力がある | 新入社員 | 1～2年 |

第4章 マズローの5段階欲求説を人事評価制度に連動させる

「ステップその4」

あなたの会社にあったゾーン達成度基準一覧表を作成する

## 「各ゾーン達成度基準一覧」

| | 達成度 | | |
|---|---|---|---|
| | 勤怠達成度 | 能力達成度 | 業績達成度 |
| Ⅴ型 | | 企画力<br>判断力 | 仕事の量 |
| Ⅳ型 | | 指導力<br>判断力 | 仕事の量 |
| Ⅲ型 | 責任性<br>積極性 | 指導力<br>折衝力 | 仕事の質 |
| Ⅱ型 | 規律性<br>責任性 | 知識<br>技術・技能 | 仕事の質 |
| Ⅰ型 | 規律性<br>責任性 | 知識<br>技能・技術 | |

「ステップその5」

あなたの会社にあった達成度を作成する。

## 勤怠達成度

| 考課区分 | 考課要素 | 要素定義 | 評価 |
|---|---|---|---|
| 勤怠考課 | 規律性 | 上司の指示・命令など定められた規則や職場の業務規律等、組織人として守るべき事柄の遵守の達成度 | |
| | 責任性 | 自分に与えられた仕事および担当業務に関し、職務を全うするという強い願望と意欲姿勢の達成度 | |
| | 協調性 | 組織の一員としての自覚を持ち、自分の仕事および担当業務の範囲外において同僚・上司・に対しての協力や職場全体の運営にプラスとなる行動の達成度 | |
| | 積極性 | 自己啓発、改善提案など「今以上に」といった願望・姿勢の度合い又は計算された裏付けをもってリスク対策をする際の達成度 | |

**第4章** マズローの5段階欲求説を人事評価制度に連動させる

## 能力達成度

| 考課区分 | 考課要素 | 要素定義 | 評価 |
|---|---|---|---|
| 能力考課 | 知識 | 担当する仕事を遂行する上で必要な基本的理論・専門的・実務的知識の達成度 | |
| | 技能・技術 | 担当する仕事・業務をきれいに速く正確にできる必要な基礎的・実務的・専門的技能また、担当する仕事や業務を正確に行うに必要な熟練された専門的技術の達成度 | |
| | 判断力 | 自分の目線で目標・経営理念に照らして必要な情報を収集し、自ら進むべき行動を的確に選択し得る能力の達成度 | |
| | 企画力 | 目標や経営理念を実現するために効果的な手段を企画する能力。何をすべきか判断し、具体的なプランを組み立てていくことができる能力の達成度 | |
| | 折衝力 | 仕事を進めるうえでお客様と交渉し、良好な関係を維持しつつ、理解納得させて、仕事を有利にしていく能力の達成度 | |
| | 指導力 | 部下が必要とする能力を発達させるため、効果的な教育訓練を行い職場内のやる気を高める能力の達成度 | |

## 業績達成度

| 考課区分 | 考課要素 | 要素定義 | 評価 |
|---|---|---|---|
| 業績考課 | 仕事の量 | 担当業務の業務結果としてのお客様の増大・売上アップの仕事の達成度 | |
| | 仕事の質 | 担当業務の業務結果におけるお客様からクレームのない感謝される度合い達成度 | |

「ステップその6」

あなたの会社の実態にあった支給総額基準表を作成する。

### 「賃金の支給総額基準表」

| ゾーン | Ⅰ型（新入社員）16万円以上 | Ⅱ型（主任等）18万円以上 | Ⅲ型（係長等）20万円以上 | Ⅳ型（課長等）25万円以上 | Ⅴ型（部長等）30万円以上 |
|---|---|---|---|---|---|
| 賃金 | （総支給額） | （総支給額）基本給＋職務手当等 合計 | （総支給額）基本給＋職務手当＋役職手当 合計 | （総支給額）基本給＋職務手当＋役職手当 合計 | （総支給額）基本給＋職務手当＋役職手当 合計 |
| 滞留年数 | 1年から2年 | 2年から3年 | 3年から4年 | 4年から7年 | 退職まで |
| 時給 | 925円以上 | 1,040円以上 | 1,156円以上 | 1,445円以上 | 1,734円以上 |

### 第4章　マズローの5段階欲求説を人事評価制度に連動させる

　以上の六つのステップで、三村式人事制度の骨組みは完成です。このやり方であれば、最大30名ぐらいの会社まで、運用できるのではないかと思っています。

　巻末の資料にこれらのシートを掲載してありますので、是非この本に実際記入検討いただければ、この1冊で運用できるようになると思いますし、社長さんの頭の中の人事がいくらかでも形にすることができたのではないかと思います。

---

**5分ノート**

　マズローの欲求5段階説と人事制度を連動することにより、会社での昇格がマズローの欲求5段階の最上位の自己実現へ近づくという人事制度になり、従業員も大変分かりやすい制度となりモチベーションアップにもなると思います。教育訓練は達成度という基準で、出来たか出来ないかの2者択一の判断基準で人事制度を構築していき、その結果としてシンプルな賃金制度に連動していく。このような人事制度が小規模企業ではベストな方法の一つであると思います。

# 第5章

## 小規模企業の社長は、評価ではなく、育てる、励ます、ではないだろうか

### 1 小規模企業は、社員を評価するより、教育励まし

　この章からは、人事制度の制度設計ではなく、日常の運用面に視点をあてて考えていきたいと思っています。

　これまで、ランチェスターの法則からも、賃金などの処遇の約倍の教育・訓練が必要であるとお話ししてきました。このことについて、考えてみたいと思います。

　いろいろな、人事制度の本をみると、評価には本当に様々な考えがあるものだと私も関心する次第です。

　近年よく活用されているコンピテンシー評価というものがあります。これは、一度はこの言葉を聞いたことのある社長

**第5章 小規模企業の社長は、評価ではなく、育てる、励ます、ではないだろうか**

さんも多いのではないかと思います。その内容は、高いレベルの業務達成を生み出す「仕事ができる人の行動特性（コンピテンシー）」を設定して、評価をするものです。この制度を活用することにより、従業員一人ひとりの行動が自ら目標を設定することで、生きた行動目標になり、従業員が自ら改善を進め、会社の業績改善につながるというものです。これまでの成果主義とは違い、会社に貢献度の高い従業員の行動がどのようなものかが分かることは、他人のノウハウまでしることができ、ある意味素晴らしい評価システムかと思いますが、小規模企業では、基本的には社長の職場内訓練（OJT）が中心になってきますので、従業員は社長さんの行動特性が目標になってくると思います。従って、コンピテンシー制度は小規模企業では、モデルとなる従業員数も少なく運用は難しい制度であると思います。

　このように、小規模企業では、社長さんの教育・訓練が、育成の最大のポイントになります。教育訓練と言っても様々なことの訓練が必要になってきますが、最大の教育のポイントは如何に仕事において成功体験をつませることが出来るか、ではないかと思います。家の営業であれば、一個の住宅を販売する成功体験を出来るだけ早くつませるかが、効果的な教育訓練になるかどうかのポイントの一つではないかと思います。また、私どものような仕事であれば、ミスなく給与計算が自分でできるようになるといった成功体験が、教育の

現場では一番重要な視点ではないかと思います。成功すればなんと言っても仕事が面白くなり、自信が付いてきます。また、余裕ができれば、こうしたらいいとか、ああしたほうがいいとか、改善を提案できるようになってくるのではないかと思います。

いかがでしょうか？成功体験には必ず失敗もつきものです。ここで社長さんにお願いしたいことは、失敗したときは、失敗した仕事に対してはしっかりしかることも必要ですが、決して相手の人間性まで否定するようなしかり方は厳に慎むべきであると思います。

そして、大事なことは、日常の対話、励まし、労りの言葉、その気持ちを社長さんは持つということだと思います。

## 2 評価制度が必要なのは、30名以上の会社で、社長の目の届かない部署ができたとき

ここでは、社長さんの会社がどんどん業績がアップしていき、従業員数が30名を超えてきたら人事制度をどう考えていくかです。

私もサラリーマンの日本生命時代、職員９名ほどの拠点から、50名前後までの拠点を担当したことがあります。この本の読者の社長さんの会社とは当てはまらないかもしれませんが、人の扱い人事に関しては、共通している点は多くあると

**第5章** 小規模企業の社長は、評価ではなく、育てる、励ます、ではないだろうか

思います。

　最初に9名前後の拠点のことを思い出してみたいと思います。9名ですと基本的に、拠点長一人で、十分人事管理はできると思います。ある意味まとめやすい規模の一つではないかと思います。このときほど、拠点の実績はその担当する拠点長で決まると思ったことはありません。前任が売上げが悪くても、拠点長が変わると見る見る業績が変化していくケースをつぶさにみてきました。やはり、小規模企業の経営は社長で決まるとは、まさしく保険会社の営業拠点でも証明されています。

　ところが、30名前後の拠点になると、若干、拠点長以外の職員の存在も考慮した経営が必要になってきていました。やはり、拠点長一人だけでは、人事管理は無理がでてきてもおかしくない状態ではないかと思います。やはり、職員と自分と間に右腕的な存在のポストが必要ではないかと、今でも思い出します。やはり、一人の人間が十分管理できる人員は10名前後ではないかと思います。

　また、50名前後の拠点になると、ともすれば職員の管理がややもすると手薄になるか、または見えなくなってきたのを思いだします。

　やはり、50名ぐらいの会社になれば、社長さんが従業員のことを直接見て観察が日々できる状態ではなくなってくると思います。

従って、社長以外の幹部の視点からの評価制度により、評価する必要もでてくるのではないかと思います。また、賃金制度についても、職能資格制度といった等級区分による、制度の構築も必要な時期でもあるかもしれないと思っています。
　いかがですか？私の持論ですが、30名までは人事制度は車でいえば、軽4の車のエンジンであり、30名から100名であれば、カローラクラスのエンジン、100名以上は、クラウンクラスのエンジンといった風に、人事制度も変化して取り組んでいかなければならないのではないかと思っています。

## 3 教育したことがどれだけできるようになったか？　教育達成度で考える

　ところで、この節では、評価ということそのものについて考えてみたいと思います。たとえば、この本で説明しているゾーン達成基準の中の勤怠達成度のなかの一つ、規律性について考えてみたいと思います。私は出来る出来ないの2者択一の選択を判断基準にすると説明していますが、一般的に使われている考課表は次のようなものが多いです。

## 第5章 小規模企業の社長は、評価ではなく、育てる、励ます、ではないだろうか

# 人 事 考 課 表

| 社員1級・2級 | 昇給用 |

| 被考課者 | 所属 | | 氏名 | | 資格等級 | |
|---|---|---|---|---|---|---|
| 考課対象期間 | 勤怠考課・業績考課 | 平成　年　月　日～平成　年　月　日 |
| | 能力考課 | 考課実施時点 |

| | 区分 | 勤怠考課・業績考課 | 能力考課 |
|---|---|---|---|
| 評価 | S | 期待を上回るレベル | 模範的なレベル |
| | A | 優れているレベル | 期待どおりのレベル |
| | B | 標準的なレベル | 標準的なレベル |
| | C | やや課題を残すレベル | 少し課題のあるレベル |
| | D | 課題を残すレベル | 問題のあるレベル |

| | 考課項目 | 着眼点 | 一次考課 | 二次考課 |
|---|---|---|---|---|
| 勤怠考課 | 規律性 | ①お客様に対し、礼儀正しい対応（お辞儀、挨拶、言葉遣い）をしていたか<br>②身だしなみや言葉遣いなど、状況に応じて適切に使い分けていたか | S A B C D<br>15 12 9 6 3 | S A B C D<br>15 12 9 6 3 |
| | 協調性 | ①チームプレーを行う際には、仲間と仕事や役割を分担して協同で取り組んでいたか<br>②職場の新人や下位者に対して業務指導や仕事のノウハウ提供をしていたか | S A B C D<br>15 12 9 6 3 | S A B C D<br>15 12 9 6 3 |
| | 積極性 | ①新規事業に繋がる研究開発に参加したことがあるか<br>②採算を意識した事業化に参加したことがあるか<br>③難しい仕事にも自ら進んで取り組んだか | S A B C D<br>15 12 9 6 3 | S A B C D<br>15 12 9 6 3 |
| | 責任性 | ①疑問や問題が生じた場合、どのように解決していたか<br>②問題意識をもって、日頃から慎重に作業を行っていたか<br>③仕事の期限・期日はきちんと守ったか | S A B C D<br>15 12 9 6 3 | S A B C D<br>15 12 9 6 3 |
| 能力考課 | 業務知識 | ①業務マニュアルの内容を把握しているか | S A B C D<br>5 4 3 2 1 | S A B C D<br>5 4 3 2 1 |
| | 技術・技能 | ①仕事の進め方・やり方にムリ、ムダ、ムラはないか。<br>②安心して仕事を任せることができるか。<br>③作業の効率化や合理化に当たって、何か工夫したことはあるか | S A B C D<br>5 4 3 2 1 | S A B C D<br>5 4 3 2 1 |
| | 理解力 | ①肝心なポイントや重要な指示を聞きもらすことはないか。<br>②同じことを何回も繰り返して質問することはないか。<br>③上司からの指示を的確に理解できるか。 | S A B C D<br>5 4 3 2 1 | S A B C D<br>5 4 3 2 1 |
| | 表現力 | ①自分の意見、考え、主張を簡潔に話せるか。<br>②主張する論点がはっきりしているか。訴求点が明確になっているか。<br>③文章の構成がしっかりしているか。 | S A B C D<br>5 4 3 2 1 | S A B C D<br>5 4 3 2 1 |
| 業績考課 | 仕事の質 | ①取引先や消費者からクレームや苦情がくるようなことはなかったか。<br>②社内外の連絡手順を把握し、トラブル発生時に関係者に事実を正確に伝えていたか | S A B C D<br>10 8 6 4 2 | S A B C D<br>10 8 6 4 2 |
| | 仕事の量 | ①仕事の量はどうであったか。格付けされている資格等級にふさわしい量の仕事をしたか。<br>②規定時間内に業務をこなすことができたか | S A B C D<br>10 8 6 4 2 | S A B C D<br>10 8 6 4 2 |
| | | | 計　点 | 計　点 |
| | | | | 最終調整　　点 |

| 一次考課者所見 | 二次考課者所見 |
|---|---|
| | |

前記の表のようなこの5段階方式をどのように社長さん思われましたでしょうか？

S（期待を上回るレベル）

A（優れているレベル）

B（標準的なレベル）

C（やや課題を残すレベル）

D（課題を残すレベル）

　この本では各ゾーン達成度基準表のなかの一つである、規律性などについてはサンプル考課表のように詳細にわたって記載していませんが、サンプル表の中の基準は言葉遣いは悪くなかったかとか、礼儀正しい対応をしたかなどの基準になっていますが、果たして実際に5段階評価で、正確に評価できるでしょうか？私はSとAの相違など不用のような気がします。CとDの相違も不要な感じです。社長さんいかがですか？じっくりこの5段階の基準を眺めていると、私は、結局出来たか・出来ないかの判断で、Bの標準的なレベルの項目は小規模企業ではいらない項目ではないかと思います。

　小規模企業は大企業のように、人材の余裕はありません、そのように考えると、普通などというグレーゾーンなどの評価の余裕などないと思われます。

　従って小規模企業の評価いわゆる達成度は、出来たか・出来ないかの2者択一の考えがベストではないかと思います。アメリカ人と話すと彼らも、YES・NOが判断の基準のよう

**第5章　小規模企業の社長は、評価ではなく、育てる、励ます、ではないだろうか**

です。まして、私の主張する絶対評価の立場をとるのであれば、小規模企業は出来る・出来ないが最も実態に合っていると私は思っています。

　また、サンプル考課表をみていただければ、効果の合計点数が100点満点で何点であるかが、分かるようになっています。ここで、考えていただきたいのは、仮に70点以上が昇格という制度になっていれば、それでは社長さん69点と70点との差の１点とは、果たしてどれだけの意味があるのでしょうか？大企業で、1,000人もいればこの1点差はそれは大きいものがあると思いますが、人間の評価を点数という尺度で簡単に決めることができるのでしょうか？私は、このようなサンプル表のような考課は、精神科のドクターでもなければ、真に公正な評価はできないのではないかと思います。

　ちなみにサラリーマン時代上司に対して、昇進がかかっているときは、わざと高額のお中元お歳暮などしたものです。その結果ははっきりわかりませんが、人事考課はプラスに作用したという実感はありました。このように、上司の人事考課というものは、いくら会社で考課者訓練を実施したとしても真に公正な評価になるということは、かなり難しいことだと私は思います。

　このようなことからも、小規模企業は社長が判断するのですから、２者択一のやりかたが、逆に言うと最も公正な評価になってくるのではないかとも思えます。

よく、人事のコンサルタントの方は、最初に１等級・２等級といった等級による、公正な評価による格付けによって、人間はやる気がおこり、仕事も成果が上がってくるということをよくお話されます。確かに、このようなケースの会社もあるかと思いますが、小規模企業では、社長さんが経営のすべてをこなしてきているので、このサンプル考課表のようなことまで、細かく観察指導までできないのが現実だと思います。

　この本の各ゾーン達成度基準表のように、抽象的かもしれませんが、規律性・積極性というだけで、サンプル表のような詳細な着眼点まで決めなくても、日常は一緒に仕事をしているわけですから、規律性であれば、この従業員は、出来ている・出来ていないかは社長さんであれば、十分判断できるのではないかと思います。もちろん、サンプル考課表のように、わが社は朝の挨拶が一番重要だということであれば、規律性をそのような基準にすることは素晴らしいことだと思います。ただし、「パレートの法則の80対20」の原則に従って、基準は各項目とも２個から３個ほどに絞って考えることが重要であると思います。サンプル表のような管理は大企業では必要かもしれませんが、小規模企業では事務量が大変であり、手間もかかり、必要ではないと思います。

　いかがでしようか？人事の本で、評価は２者択一で決めるというようなことを、書いているコンサルタントはほとんど

いないので、人事の常識からみれば、三村さんのいう評価はおかしいと思われている方も一杯おられると思います。

ここで、私の主張ですが、人生は日々勝負であるとよく言われています。人生ということは、仕事という意味でもあると思います。仕事が勝負あれば、ようするに、勝つか負けるかです。その仕事の勝敗は細かく分析すれば、人事の評価項目になってくると思います。従って仕事に勝利するとは、基本は人事の評価項目に勝利することであり、逆に言うと、評価項目が出来たかが人生の勝利に直結し、出来ないかが敗北に直結しないとも言えないと私は思っています。

ここまで、読まれて社長さんいかがですか？あなたは、5段階評価の結果40点と言われるのと、評価項目が5項目のうち、2項目が達成できており、あと1項目が達成できていないので今回昇給しなかったのですよと言われるのでは、どちらの言われ方がやる気がでますか？私は同じ昇給できないのでも言われた印象が全然違うと思います。

## 4 教育は勤怠・能力・業績の視点で教育する

一般的にほとんどの人事関係の本では、人事考課の大きなくくりは、やはり、勤怠・能力・業績となっています。考えてみると、人間会社で働くということは、まず、勤務意欲がなければスタートしませんので、勤怠がベースになってくる

と思います。そして、仕事を覚えることにより仕事に対する能力が身につき、様々な業務をこなしていけるようになってくるのだと思います。そして、その発揮された能力の結果業績に反映して、会社も利益を受けることになってくるのだと思います。このように考えていくと、新入社員は、勤怠の評価ウエイトを高くして、幹部になるほど勤怠は十分身についていますので、逆に評価ウエイトを少なくしていき、逆に業績の評価ウエイトを高くしていくのが、最も効果的な勤怠・能力・業績の評価ウエイトの考え方ではないかと思います。ただし、能力は常に必要な評価ウエイトであると思います。

このように考えると、勤怠・能力・業績で人事考課を評価していくというのは、理にかなっていると思います。ここで私が注目したいのは、評価という項目は、別の視点で考えれば、前節でも記載しましたが、教育・訓練の視点にもなってくる訳です。

そのように考えて、教育訓練の視点で、勤怠・能力・業績を私なりに下記のようにまとめてみました。

①勤怠・・・　勤怠の教育というのは、基本的には挨拶とか、仕事への姿勢とか、日々日常的に社長さんが職場内訓練（OJT）で教育訓練可能な部分だと思います。

　　　　　　モチベーションのセミナーに参加させるな

第5章 小規模企業の社長は、評価ではなく、育てる、励ます、ではないだろうか

どは職場外訓練（OFF・JT）になってくると思います。

②能力・・・　能力というのは、なかなか見えにくいので教育・訓練で能力をアップしていくというのは、まず職場外訓練（OFF・JT）で、技術講習等を受けさせるとかが考えられます。

次に、私は日々の、職場内訓練（OJT）での、能力開発の最大のポイントは、いかに業務の中で成功体験を社長さんが、大日本帝国海軍の連合艦隊司令長官山本五十六が言われた「やってみせ、言って聞かせて、させてみて、ほめてやらねば人は動かじ」とあるように、経験させることが能力開発の教育の最大のポイントではないかと思います。そのような日常のなかで、従業員固有のその人の癖を取り除けるようにして、従業員があなたの会社の経営理念カラーに少しでも近づいていくようにしていくべきではないかと思います。

③業績・・・　業績というのは、ハッキリ結果がでますので、分かりやすい項目です。ここで、考えなければならないのは、業績が悪いというのは、先程の勤怠か能力の教育訓練に問題があったと考えて対処するべきであると思います。業

績が悪いから、賃金の昇給はありませんよというだけではダメで、業績から教育訓練の修正する箇所が判明してくるのだと思います。ともすると、業績の悪いのは従業員がダメだからと考える社長さんの気持ちは十分理解できますが、仮にその方にやめてもらって新しい求人をしても、小規模企業にそもそも優れた従業員が入社してくる確率はきわめて少ないのですから、いま現在いるあなたの目の前の従業員を大切に思うことが重要な考え方ではないかと思います。

　以上人事項目の大きな三つの視点で、考え方をまとめてみました。いかがでしょうか？ご賛同いただければ大変光栄です。

## 第5章　小規模企業の社長は、評価ではなく、育てる、励ます、ではないだろうか

### 5分ノート

　小規模企業は、評価を前提にするのではなく、あくまでも教育訓練であり、いかに社長が従業員を教育訓練できたかが、ポイントになってきます。

　教育訓練の視点は、勤怠達成度・能力達成度・業績達成度の三つの項目が基本の考え方になります。社長さんのスタンスは、従業員を育てる励ますという日常の対応が重要です。

# 第6章

# 日常の労務管理・人事

## 1 小規模企業は日々教育と励ましが社長の人事制度

　前節のサンプルの人事考課表には勤怠から始まり、10項目24着眼点がありました。もう一度先程のサンプルをみていただきたいと思います。難しい仕事にも自ら進んで取り組んだかとか、仕事の進め方にムリムダムラはないかとか仕事は正確であったかとか等これらの着眼点は、それなりに的を得た着眼点であると思います。

　しかし、どうでしょうか？これら24の着眼点は日常の業務の中でとても頭に入りきらないと思います。理解してこの2割の6つほどの着眼点ではないかと思います。

挙げるとすると次のような感じだと思います。

勤怠効果　①服装や身だしなみはどうであったか。
　　　　　②仲間と仕事や役割を分担して協同で取り組んだか

能力効果　①正しいやり方で仕事ができるか。
　　　　　②業務マニュアルを正しく理解しているか。

業績効果　①仕事の出来栄えは立派であったか。
　　　　　②取引先や消費者からクレームや苦情はなかったか。

　いかがでしょうか。この６つぐらいですと頭にすっきりと入るものです。多くの会社で人事制度の実施でつまずく原因の一つとして、私はこの考課表の項目が多すぎるということも原因の一つであると思っています。

　このように、細かい事例で着眼点を設定できる会社であれば、このような達成度で取り組むのがベターである思います。

　しかし、なかなか決められない状況の会社であれば、この本で紹介しているように、規律性・積極性・知識・技能といった大枠で、着眼点である達成度の項目を決めてもいいと私は思います。

　先程の24の着眼点をじっくりみれば、その中身はそっくり

教育・訓練の着眼点にもなってきます。従って私は評価と教育は表裏一体であり、人数のすくない小規模企業はこの教育の視点が一番重要な考え方ではないかと思います。

また、サンプル効果表の24の着眼点を社長さんが育成の視点でとらえるならば、従業員も従来よりはモチベーションは必ず上昇していくと思っています。

この従業員の教育で重要なことは、これら全てをこなせる従業員はほとんどいないと思いますので、出来ない従業員がいても、真摯に粘り強く対話し、常に励まし続けるという考えが絶対評価の小規模企業の人事制度では大切な考え方ではないかと思っています。人間は弱いものです。社長さんになられるような方であれば、多少のことでもこたえないと思いますが、最近の若い人は、ニートとか不登校とか、心の病気にかかりやすい若者が多いというのも、今日の時代背景です。このような方を引っ張っていくのは、やはり励ましが一番ではないかと思います。

## 2 社員教育のポイントは成功体験をいかに経験させるか

私がサラリーマンの日本生命時代、初めて担当した拠点で成功したことが、その後日本生命での仕事にどれだけ影響を与えたか図りしれないと思います。

あの拠点で失敗していれば、現在の自分はなかったのではないかとも思います。社会保険労務士として独立したときも、やはり、日本生命時代の成功体験が自分を支えてくれたのではないかと思っています。

社長さんいかがですすか？従業員のあなたの会社での成功体験は、あなたの会社だけでなく、転職しても従業員の心の中で生き続けていくのです。その感謝の気持ちは、従業員がたとえあなたの会社を退職しても、いつまでも、社長さんあなたの会社のファンになり続けていてくれることになってくるのではないかと思います。

このように、これまで勘と何も考えないか好き嫌いの傾向で決めてきた社長さんの頭の中にある人事制度をいくらかでも形にして、この本で参考にできるものがあれば、あなたの会社の人事制度に採用していただければ、従業員とあなたの会社の発展にも必ず連動していくものと私は思っています。

逆にいうと、従業員さんに成功体験を積ませるということは、社長さんには辛い言葉かもしれませんが、社長さんが今以上に成長していかなければならないともいえます。私は社会保険労務士の仕事上、よく顧問先を訪問する機会がありますが、社長さんが燃えていて活気のある会社というのは、従業員もそれに感染するのか活気がある方が多いような気がします。そのような会社は業績もよく、会社に入って玄関がなんともいえない爽やかな空気が流れているものです。

そのためには、この本で紹介している、マズロー5段階欲求説にあるように、社長が率先して自己実現に取り組み、従業員も個々の自己実現につながるように成功体験をいかにつませるかが、人事制度の成功へのポイントの一つではないかと思います。

## 3 毎月の賃金は世間相場以上を目指し、賞与は業績で支給

前章で賃金の支給総額基準表で、ゾーンごとの最低支給総額のお話をしましたが、それでは、どれくらいの賃金を支給すればいいのかとお悩みの社長さんも多いと思います。私は、「サッと作れる小規模企業の賃金制度」の中に世間相場連動型基本給という概念で、賃金をきめたらどうかということを提案しています。

前章で、製造業などの、賃金センサスの中小企業の賃金データをご参考のため掲載しておりますが、私は、社長さんが、これらの世間相場を様々な資料で参考にしていただき決めるということは、うちの会社は世間相場でいくのか、世間相場より上をいくのか、それとも売り上げが伸びるまで世間相場よりダウンした賃金でいくのかを決定する必要があると思います。とかく、一般的に従業員はうちの会社は賃金が低いと口癖のように言われるものです。ですから、逆に世間相場以

上に支給している会社であれば、従業員に世間の賃金水準のデータを見せてうちの会社はこれだけ支払っているんだと自慢ができるのではないかと思います。次に賞与ですが、現在不況の影響で賞与は夏3カ月冬4ヶ月と支給している会社はさすがに少なくなってきているように思います。私の感じでは、夏1カ月冬1カ月の合計2カ月の会社が多いように思います。賞与につきましては、就業規則に何ヶ月分支給するとか定めがなければ、支給しなくても法律上は特に問題ありません。

ここで、私が自分の顧問先にいつもお話している、お金のことについて記載したいと思います。

わたしは、人が働いて得られる本当の報酬には、次の五つがあると思います。

① **感動**（お客様からありがとうと言って感動してもらえること）

② **お金**（豊かに生活をするため、昇給・昇格などの賃金による評価）

③ **成長**（去年よりも今年の自分が成長していると実感すること）

④ **信頼**（この仕事を通して、お客様に、同僚に、社長さんに評価されていると思うこと）

⑤ **愛情**（社長さんの会社に勤務することにより得られることができる人間関係・絆）

このように考えると、毎月の賃金は、働いて得られる報酬の一部でしかないのではないかと思えなくもないと思います。社長さん前記のお金以外の報酬が従業員さんにはたして十分与えられていたでしょうか？もし、あまりないと思われた社長さんであれば、明日からでもすぐできます。

　経費のあまり係らない、社長さんの五つの報酬を従業員さんに一杯渡す工夫をされるべきではないかと思っています。

## 4 社長の行動が、あなたの会社の人事制度

　この章では日常の社長さんの行動等について記載してきました。これまで、人事制度に対してあまり深く考えたことがないので、いくらか戸惑いもあったと思います。今回この本を読まれて、うちの会社でもこれだったら運用できそうだと思っていただけたら、私はこの上ない喜びです。

　実は私もこれまで、様々な人事制度の本を読んだり、何十万円も出して、コンサルタントの勉強会に参加してきました。また実際に、人事制度導入のお手伝いもさせていただいています。

　このような経験でいつもぶつかるのは、小規模企業の人事制度でした。社長が一人でできるシンプルな人事制度はないものかといろいろ探し続けてきました。やっとこれなら、小規模企業でもできるかなと思って資料を取り寄せてみると、

職能資格制度の簡易版でやはり小規模企業の社長さんでは難しいのではないかと感じてきました。

そのような中で、ランチェスター法則の竹田先生の経営の構成要因の中の人の配分と役割分担などのことを日頃から考えるなかで、本書の三村式人事制度の誕生となりました。私の顧問先でも何社かこの提案をさせていただきましたが大変好評でした。また同業者の方にもお話しましたが、これは社会保険労務士の方に勧めてもらいたいとも言っていただけました。この本をここまで読んでいただき社長さんには感謝の気持ちで一杯です。

この本は人事考課表を作成しなさいとか、従業員のお仕事の職務分析をしなさいとか、目標面接をしなさいとか、そのようなものは特にありません。前章で解説した六つのステップを実行していただくだけですので、分かりやすいと思います。このステップをふむことで、日頃から社長さんの頭の中にある人事制度が具体的になり、さらに改善されて、会社の業績の向上にも必ずつながっていくものだと思っています。

最終的に小規模企業の経営は100％なんだかんだと言っても社長さんで決まります。そうです、社長さんの行動それ自体が社長さんの人事であり制度になってくるのだと私は思っています。

> **5分ノート**
> 
> 　社長さんの日常の教育訓練で大変重要なポイントが、従業員に、いかに自分の仕事の中で成功体験を積ませていけるかが効果的な育成の最大ポイントであると思います。そして、社長さんの日常の行動が最終的には会社の人事制度になってくるということをしっかり理解するべきであると思います。

# 第7章

## 経営理念・売上・人事制度・賃金制度はすべてつながり、経営戦略となる

### 1 経営理念があれば、マズローの5段階欲求説と連動させる

　小規模企業の社長さんでは、我が社はこれこれの経営理念に基づき経営をしていると言える社長さんはほとんどおられないと思います。また、この本の読者のかたもほとんど経営理念が明確になってきていない会社がほとんどかと思います。
　ここで経営理念について考えてみたいと思います。

　ピータードラッカーは「企業の目的として有効な定義は一つしかない。顧客の創造である。」（現代の経営）と言われています。あまりにも有名ですが、このことをベースに考える

と、経営理念とは最終的には顧客の創造に結びついていかなければいけないのではないかと思います。経営理念についてあまり深く考えてもきりがないですから、経営理念とは事業遂行における基本的価値観であり、目的意識と考えればイメージがわくのではないかと思います。分かりやすくいえば、何のためにその会社で仕事をするのかということではないかと思います。あの有名な京セラの経営理念は下記のようです。

「全従業員の物心両面における幸福を追求すると同時に人類・社会の進歩発展に貢献すること」

いかがでしょうか？社長さんのお友達の会社でいい理念だと思われたらそれを採用してもいいと思います。

うちの事務所は「共に感動と感謝の創造」ということを開業以来掲げています。そのせいか、如何にしたらお客様が感動していただけるかを、いつも無意識で考えているように思います。このように、経営理念は無意識の行動の方向性を指し示してくれるのではないかと思います。

私の提案する、ステップ1の職務関連表はベースとなるマズローの5段階欲求説と各ゾーンは連動しています。これは、仕事と人生の自己実現のベクトルが一致することにより、より人生を豊かにして、仕事を通して人生の自己実現に向かっていくことが、無意志のうちにも従業員の仕事に対する考え方を形作っていくのではないかと思います。その中で重要なことは、あなたの会社で働くことの意義がベースになってい

## 第7章 経営理念・売上・人事制度・賃金制度はすべてつながり、経営戦略となる

なければ、社長さんとの呼吸もあってこなくなると私は思います。このような意味からも是非社長さんの会社の経営理念を職務関連表に決めて記載していてだきたいと思います。経営理念は就業規則などにも記載してとにかく従業員が普段目につくように工夫をすることが必要だと思います。社長さんあなたの会社の従業員がお客様のところで、うちの会社は社会の発展に貢献することがうちの会社の社長の口癖なんですと言ったとします。

相手の会社の方はこれをどのように評価するでしょうか？おそらく、素晴らしい従業員がいるなということで、益々お客様に信頼されるようになってくるのではないかと思います。また、あなたの会社の従業員がうちの会社は明確に人事の各ゾーンが定められており、自分が成長すれば、ゾーンも移動して、人生の自己実現に向かっていく人事制度なんですよと言ったとします。どうでしょうか？ほとんどの相手の会社は、あなたの会社は素晴らしいと感嘆してくれるのではないかと思います。

このように、人事制度を整備することは、あなたの会社のPRにもなってくると私は思っています。

## 2 売上が上がれば、賃金もアップし、新入社員も入社し、人事制度も活性化する

　この本の職務関連表では、従業員8名で、シュミレーションしていますが、会社の売上が上がっていけば、当然業務量も多くなり、新たに従業員を採用しなければ、会社は回らなくなってくると思います。人事の視点でみれば、職務関連表にある、Ⅰ型・Ⅱ型のゾーンの従業員が多くなってくることになります。必然的にⅢ型・Ⅳ型のゾーンの方による教育指導の仕事が多くなってくることになります。このように、人事の視点でみても新しい従業員が入社してくるというのは、組織全体に刺激を与えることになり、会社のマンネリ化を防止するうえでも大変効果のあることであると思います。大企業のように、定期異動による組織の新陳代謝をはかることができない小規模企業では、新たに従業員が入社してくるというのは、組織の活性化には大変なチャンスであるととらえるべきであると思います。また、人数が多くなり、8名から17名クラスの会社になれば、課長クラスのⅣ型のポストも増えてきますし、会社が大きくなれば、自分たちも昇格等にさらに明るい希望をもつことが可能になってきます。

　だから、会社は常に業務拡大に挑戦していくことが人事の視点から見ても必要なことではないかと私は思います。このことが、マズローの欲求5段階説の自己実現に会社も社長も

第7章　経営理念・売上・人事制度・賃金制度はすべてつながり、経営戦略となる

従業員も近づいていける近道の一つではないかと思います。

　このような、業務拡大にともないある地域・ある業界・ある客層で、その会社が1番のシェアーをとれるようになれば、経営戦略の面ではランチェスターの法則の強者の戦略である第二法則の間隔戦の法則が適用されるようになり、会社の利益は第2位のライバルに対して大きく差をつけるようになります。そのことは、従業員の賃金の上昇にもつながり、会社は益々成長していけることになってくると思います。

　逆に、新たに従業員も入社してこないし、売り上げも伸びない状況であれば、組織は硬直化して、ポスト不足になり、毎年人件費だけがアップしていき、賞与が支払えないとか、昇給ができないなどといった状況に陥りやすくなってくると思います。

　このような状況になると、多いパターンが、賃金制度を見直すとか、昇給はしないとか、従業員に退職勧奨をするとか、従業員のモチベーションの低下につながるものばかりになってしまいます。そうなると、従業員がマズローの欲求5段階説の自己実現など考えるどことか、最悪I型の生理的欲求の段階の思考回路になっていってしまう可能性も十分あり得る話だと思います。

　このように、人事の視点で会社経営を考えてみても如何に会社を経営するというのが、社会的に重要な仕事であるのかが、ご理解していただけるのではないかと思います。

## 3 直観の人事制度を、三村式でより精度を高めることができる

　社長さんここまで読んでいただき、少しは社長さんの望むものが、一つか二つありましたでしょうか？ここで、普段の社長さんの直観の人事制度について、考えてみたいと思います。

　この本では、社長さんは人事について何も考えていない、好き嫌いとか、何となく勘で決めているとか、記載してきましたが、三村さん私はそんないい加減な評価ではなく、考課表に基づいて公平に評価しているとおっしゃる社長さんもおられると思います。様々なケースがあるので、一概には論じることはできないところかと思います。

　もともとこの人事制度に公式があるわけではありませんし、法律でこうしなさいとかの定めもありません。逆にいうと正解がないというのが、正しい回答であると思います。しいて言うならば、今あなたの会社が順調に進展しているならば、あなたの今の会社の人事が正解になってくるのではないかと思います。

　この本では、私は、これこれを作成してこうしなさいとかは言えませんが、私の提案する六つのステップは、あなたの会社の人事制度の中で、なにか一つでも採用していただければ、きっと社長さんの頭の中にある、人事制度がより鮮明に

なり、あなたの会社の運用の中でより効果をアップさせていけるのではないかと私は確信する次第です。

　私は小規模企業の社長さんの直観の人事、それはそれで会社がうまく行っているのであれば、素晴らしい制度であると思います。この本をお読みいただき、人事ということを真摯に考えるということは、ある意味従業員のことを深く理解するということにもなってくると私は思います。この際に、今一度従業員さんのことを、過去・現在・未来にわたって真剣に考えるキッカケの一つになれば私のこの上ない喜びです。

## 4　社員さんを一人でも自己実現に近づけるように教育しよう

　この節では、日常の生活の中で如何に教育していくかを考えてみたいと思います。

　前章では、社長さんの日常の教育訓練の達成度をいかに高めるかが、ある意味一般的にいわれる評価をあげることになるとお話しましたが、日常の業務の中で、是非達成度基準を採用していただけたら、教育訓練が定着しやすくなるのではないかと思います。

　ところで、私は、日常社会保険労務士の業務をしていますので、様々な会社の業績のことをお聞きする機会が多々あります。

その中で、社会保険労務士としての仕事がらなるほどなと思える、業績のいい会社の特徴が何点かあります。

その1　意外と年功序列の会社が多い

その2　毎朝朝礼時に何か条か全員で唱和している

その3　会社の清掃がいき届いている

その4　従業員の挨拶がしっかりしている

その5　社長の出勤が早い

以上5点ほど上げさせていただきました。
　私は人事制度で活用したい点はその2の朝礼で何か条か唱和するということです。それでは、何を唱和するかです。私は次のことを唱和したらいいのではないかと考えます・

その1　会社の経営理念

その2　会社の行動規範

その3　職務基準表の中の、達成度の基準を唱和する。

## その4　社長の日常の考えなど

いかがでしょうか？その3の中に、社長の人事の達成度基準になるポイントを記載唱和することで、無意識のうちに従業員の行動の中に意識されてくるのではないかと思います。毎日唱和するというのは何気ないことかと思いますが、古くから、いろんな会社などで応用されており、いまだに実施しているということは、ＩＴの時代ではありますが、小規模企業では簡単にできる最もシンプルな経営戦略の一つではないかと思います。

　私は前職の日本生命時代、どこの拠点を担当しても、毎朝朝礼時に何カ条か職員に唱和させたものです。そのせいかどうか分かりませんが、どの拠点を担当してもある程度の売り上げ水準は達成してきました。これも一つには、毎朝朝礼時の拠点のスローガンの唱和の影響はあったものと確信しています。

　このことは、独立して多くの小規模企業の社長さんのお話をお聞きすると、やっぱりと思うことがたびたびあります。ここで、唱和のサンプルとして一例を記載しますので、ご参考になれば幸いです。

「わが社の経営戦略10カ条」

その1　わが社は事業活動を通して、地域・お客様・従業員の繁栄を願うものである。

その2　わが社は地域1位の商品を造ることである。1位と2位や3位とでは、一人当たりの利益で3倍4倍も差がでる。とにかく何かで1位を目指す。

その3　わが社は経営力に限りがあるので、戦わずして勝てるものや、勝ちやすいものに目標を定め、まず、小さなもので1位になることを目指す。

その4　わが社の従業員は、勤務態度は常に責任と規律を保ち、業務を遂行するものとする。

その5　わが社の従業員は、常に知識の修得と技術などの能力向上に努めなければならないものとする。

その6　わが社の従業員は、常にある分野で業績1位になるまでは、お客様の拡大による売上の増大に努めなければならないものとする。

その7　わが社の従業員は、会社の仕事を通して各自の自己実現を達成できるように、日々研鑽努力するものとする。

その8　わが社の従業員・幹部はこれで１位になると決めたら簡単に諦めてはならない。当初の思いの２倍から３倍は続ける、そして必ず何かを成し遂げること。

その9　わが社の営業マンは、訪問件数７割で事務処理３割で行動し、業界平均の５割増しの訪問数に拘ること。

その10　わが社の業績は社長の実力で、９割はきまる。
　　　　社長こそ一番自己研鑽に取組むこと。

　いかがでしょうか？その10は社長さんにはやや厳しい内容であるかもしれませんが、このように毎朝唱和することで、自分への戒めにしていただきたいとの思いで記載してみました。このサンプルは一例ですが、その４とその５とその６で、達成度基準一覧表の中の、勤怠達成度と能力達成度と業績達成度の基本的な会社の考えが織り込まれています。

　このようなスローガンを唱和しただけで、達成度がすぐよくなるとは思えませんが、自分の昇給の上での何がポイントになるか、各自判断できますし、達成できていなければ、小

規模企業では明らかにできなかったことは、納得できると思います。何を判断基準においているかも分からずに、社長さんの鉛筆なめなめで何となく評価されるのからみれば、大変従業員も納得して仕事に取組みやすいのではないかと思います。サンプルでは、達成度基準は細かい基準に記載していませんが、詳細な基準がいいということであれば、その内容を経営戦略10カ条にすればベストではないかと思います。

　最終的には、社長さんの熱意と情熱がなければ、スローガンだけでは、従業員は社長さんが希望するような職務内容まで業務を達成することはなかなか難しいというのが、私の実感です。それでもこのような、スローガンの唱和は小規模企業であれば、やらないよりはやったほうが私は絶対に会社の経営にプラスになってくると思います。

　なにか特別難しいことをやるわけでもないので、是非取り組んでいただいて、御社の人事制度を実りのある有効な制度になっていくキッカケの一つになれば、私のこの上ない喜びです。

　参考になるかどうかわかりませんが、私が日頃から心がけている仕事への考え方として、非常に大切に思っているマクドナルドの創業者のレイ・クロックの言葉を紹介したいと思います。

　「君たちがこれからどのような仕事をしようとも、お金に魂を売ってはいけない。お金のために働いてはいけない。仕

第7章 経営理念・売上・人事制度・賃金制度はすべてつながり、経営戦略となる

事とは、心の底から全身全霊でやりたいと思うことでなければならない。寝食を忘れて取組み、自分自身の一部となるものでなければいけない」

「マクドナルド7つの成功法則」出版文化社

このような、気持ちをもった従業員を社長さんの会社でも一人でも多く育成したいですね。この育成の秘訣もこのような人事制度等の真摯な取組により、可能ではないかと私は思っています。要するに人事とは人を見つめ人を育てる仕組みでなければならないのではないかと思います。

### 5分ノート

　経営理念・売上・人事制度は全て連動しています。効果的な方法の一つとして、毎朝朝礼時に経営理念や経営戦略などと共に、従業員の人事の勤怠・能力・業績などの達成度基準を10カ条の中に入れて全員で唱和するなどの取り組みも効果的な戦略の一つではないかと思います。このことが、無意識のうちに、従業員への達成度の教育に連動していくことになります。

# 第8章

## 会社が30名以上になってきた時の人事制度の在り方

### 1 会社が大きく成長して30名以上になったら人事制度はどうすればいいのか？

　社長さんこの章では、めでたく社長さんが寝食を惜しんで苦労に苦労を重ね、従業員が３５名になってきた時のことを考えてみたいと思います。

　一口に言って、従業員８名ほどから３５名の規模の会社に成長させるには、社長さんの創業者としての強烈なパワーと願望と家族の協力があってのことだと思います。

　ここまで会社を大きくしてくると、人事の面で、今までは社長さんの目が直接届き、日々仕事内容も観察できてきたものが、徐々に目の届かない従業員が出てきます。そのために

## 第8章　会社が30名以上になってきた時の人事制度の在り方

部長とか、課長とかの幹部が必要なわけですが、やはり、小規模企業では、部長・課長と言っても、果たしてどの程度の力があるかははなはだ疑問です。名前は部長と言っても、あなたの会社の1年先まで考えて仕事をしているかははなはだ疑問です。

　社長が目が届かなくなってくるということは、これまでのように社長さんが単独で決めていた、人事制度ではカバーできなくなってくる時期でもあるかもしれません。このような規模の段階になれば、部下である部長とか課長にこれまで社長がやっていた人事面での評価をしてもらっていかなければならなくなってくると思います。このように、人事の評価を社長さんが直接カバーできなくなってくるということは、この段階あたりから、この本で紹介した、サンプル評価表などを活用した、評価制度を採用して人事制度を構築していく時期にきているのかもしれません。また、賃金制度なども、職能資格制度や、目標管理制度なども取り入れた運用も考えていく時期であるかもしれないと思います。

　この本はあくまで、小規模企業での人事制度の本ですので、職能資格制度などの詳細な記載は省略させていただきたいと思います。人事関係の本もたくさん出版されていますので、そのような本を参考になさるか、または、専門家である社会保険労務士などの方にご相談されるのも、うまく運用していくためには必要かもしれないと思います。

## 2 厚生労働省の職業能力評価基準の評価シートを活用しよう

　前節でこの本で紹介したサンプル表のようなものの活用をお話しましたが、実は我々のような専門職である社会保険労務士の方も以外とご存じないケースが多いと思われますが、厚生労働省の所轄の中央職業能力開発協会のホームページに、なんと様々な業種の職業能力評価基準の評価シートが無料で閲覧ダウンロードできます。

　どこかのコンサルタント会社に依頼すれば、何十万円とする評価シートが無料です。これは、ある程度の会社の規模の会社になって評価シートを作成する段階においては、大変有益な資料になると思います。これらのデータ本来の活用はジョブ・カード制度での活用を想定して厚生労働省が整備を進めているものです。以下にヤフーの画面から、その画面に到達するまでの流れと、サンプルを掲載してみました。今回はこの本の達成度の基準作成において大変参考になると思われる判定目安表（評価ガイドライン）のある一例ですが労務管理の箇所を掲載してみました。簡単にたどりつけますので、多少パソコンに疎い方でも心配はいりません。一度覗いてみていただくと大変参考になると思います。

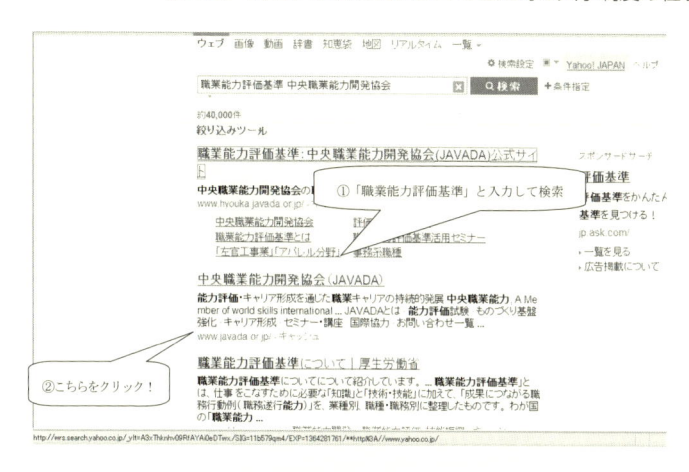

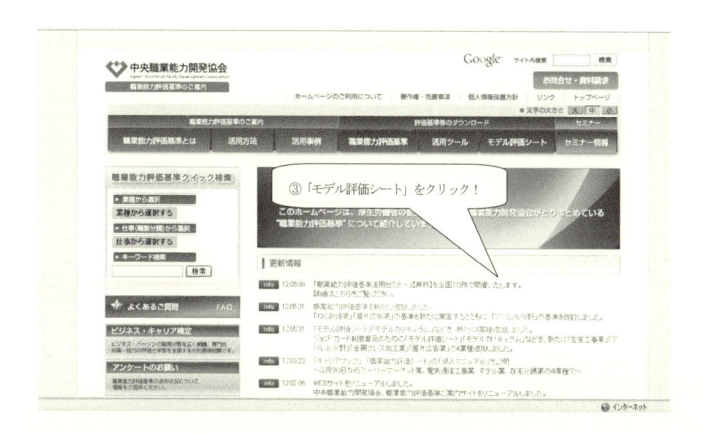

## 第8章　会社が30名以上になってきた時の人事制度の在り方

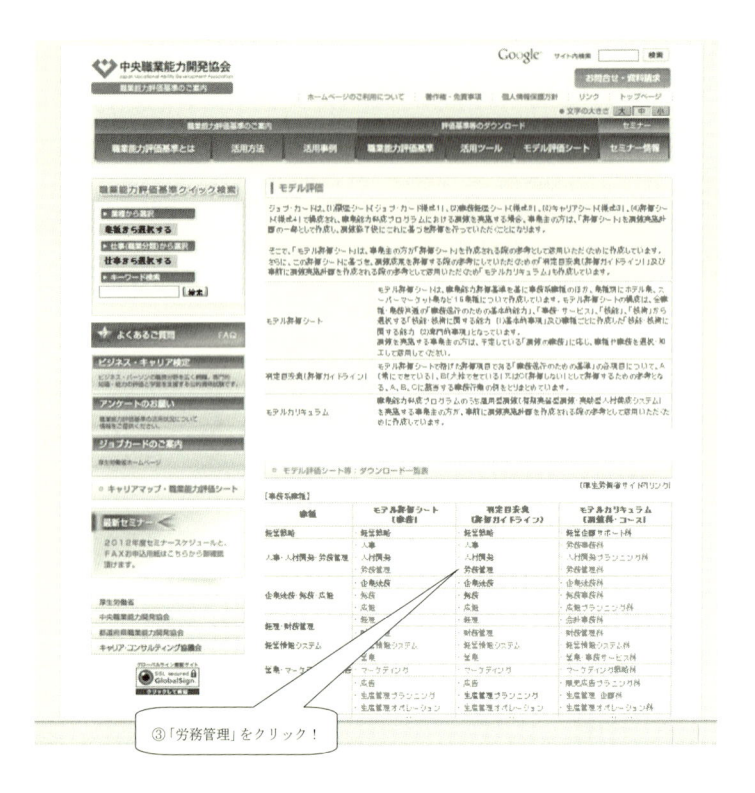

※これ以降のデータは、すべて厚生労働省のホームページにリンクしています。

http://www.nhlw.go.jp/bunya/nouryoku/job_card01/jobcard05.html

## 第8章　会社が30名以上になってきた時の人事制度の在り方

### Ⅱ　職務遂行のための基本的能力
A:常にできている　B:大体できている　C:評価しない

| 能力ユニット | 職務遂行のための基準 | 判定ガイドライン A |
|---|---|---|
| 働く意識と取組（自らの職業意識・勤労観を持ち職務に取り組む能力） | (1) 法令や職場のルール、慣行などを遵守している。 | ・ルール、法令の趣旨及びその理由について理解していた<br>・実態に即してルールの見直しを提案していた |
| | (2) 出勤時間、約束時間などの定刻前に到着している。 | ・時間や場所に間に合うように準備をしていた<br>・周囲の確認をしていた |
| | (3) 上司・先輩などからの業務指示・命令の内容を理解して従っている。 | ・達成経過を報告していた<br>・指示通りやってみて気づいた問題意識を意見具申していた |
| | (4) 仕事に対する自身の目的意識や思いを持って、取り組んでいる。 | ・仕事をする上で、キャリア形成を考えていた<br>・自らの問題意識を持っていた<br>・仕事を通して人に役立つことを考えていた |
| | (5) お客様に納得・満足していただけるよう仕事に取り組んでいる。 | ・お客様の満足度を確認していた<br>・お客様の満足のため日々工夫していた<br>・お客様の要望やクレームを速やかに上司に報告していた |
| 責任感（社会の一員としての自覚を持って主体的に職務を遂行する能力） | (1) 一旦引き受けたことは途中で投げ出さずに、最後までやり遂げている。 | ・最後まで絶対にやり抜く意思を持っていた<br>・仕事が定時に終わりそうにないときは上司に報告していた |
| | (2) 上司・先輩の上位者や同僚、お客様などとの約束事は誠実に守っている。 | ・完了できるようにスケジュールを組んでいた<br>・突発的な変更にも柔軟に対応していた<br>・先方の都合を確認していた |
| | (3) 必要な手続や手順を省くことなく、決められた手順どおり仕事を進めている。 | ・できない理由ではなくできる方法を考え、実行していた<br>・忙しければ優先度を考慮して順序を入れ替えていた |
| | (4) 自分が犯した失敗やミスについて、他人に責任を押し付けず自分で受け止めている。 | ・他人の失敗についても責任の一端があると認識していた<br>・失敗やミスをした原因を究明していた<br>・同じ失敗やミスをしないように対策を講じていた |
| | (5) 次の課題を見据えながら、手がけている仕事に全力で取り組んでいる。 | ・内容/品質がよりよくなるような工夫を加えていた<br>・期日/納期までに完了するよう効率化していた<br>・思いついたヒントをメモして次に活かしていた |

※判定目安表は、「ジョブ・カード制度」で活用していただく「モデル評価シート」で示している「職務遂行のための基準」の到達度合いを客観的に判定するための基準として厚生労働省が整備しています。

| | | | |
|---|---|---|---|
| ビジネスマナー（円滑に職務を遂行するためにマナーの良い対応を行う能力） | (1) | 職場において、職務にふさわしい身だしなみを保っている。 | ○職務にふさわしい頭髪、化粧をしていた<br>○職務、時と場合にふさわしい服装をしていた |
| | (2) | 職場の上位者や同僚などに対し、日常的な挨拶をきちんと行っている。 | ○目上の人に会釈していた<br>○会話中、来客中の場合は、声を出さず目で会釈していた |
| | (3) | 状況に応じて適切な敬語の使い分けをしている。 | ○時と場所に応じて、失礼にならないようにしていた<br>○丁寧に話していた<br>○はめやすいように言い回しを工夫していた |
| | (4) | お客様に対し、礼儀正しい対応（お辞儀、挨拶、言葉遣い）をしている。 | ○お客様の要望にそのような気持ちなのかを理解し、<br>○イライラしているときでもお客様の前ではすぐに気持ちを切り替えられた |
| | (5) | 接遇時、訪問時などに基本的なビジネス・マナーを実践している。 | ○自分よりお客様の都合を優先した<br>○お客様に好印象、好感を持たれるように工夫していた |
| コミュニケーション（適切な自己表現・双方向の意思疎通を図る能力） | (1) | 上司・先輩などの上位者に対し、正確にホウレンソウ（報告・連絡・相談）をしている。 | ○定期的に連絡するためスケジュールを設定していた<br>○内容を整理して、わかりやすく報告していた<br>○内容に応じて、口頭か文書か、メモか報告書か、使い分けて報告していた |
| | (2) | 自分の意見や主張を筋道立てて相手に説明している。 | ○事前に要点を整理していた<br>○必要に応じて内容のメモを渡していた<br>○相手の表情、頷き、相槌を確認しながら説明していた |
| | (3) | 相手の心情に配慮し、適切な態度や言葉遣い、姿勢で依頼や指示をしている。 | ○相手の身になって接していた<br>○相手の側にいる場合、できる範囲で協力していた |
| | (4) | 職場の同僚等と本音で話し合える人間関係を構築している。 | ○相手の話す内容や言いたいを積極的に傾聴していた<br>○考えや意見が異なる場合も、自分の意見や考えを伝えていた<br>○必要に応じてコミュニケーションを深めていた |
| | (5) | 苦手な上司や同僚とも、仕事上支障がないよう、必要な関係を保っている。 | ○相手の話をよく聴く機会を設けていた<br>○相手を上辺だけで判断せず、ありのまま理解しようとしていた |

144

## 第8章 会社が30名以上になってきた時の人事制度の在り方

| | | | | |
|---|---|---|---|---|
| チームワーク（協調性を発揮して職務を遂行する能力） | (1) | 余裕がある場合には、周囲の忙しそうな人の仕事を手伝っている。 | ○気づいた場合には仕事を手伝っていた<br>○仕事に不慣れな同僚を積極的に手伝っていた |
| | (2) | チームプレーを行う際には、仲間と仕事の役割を分担して協調で取り組んでいる。 | ○仕事の分担を工夫していた<br>○一緒に仕事をする同僚・後輩をリードしていた |
| | (3) | 周囲の同僚の立場や状況を考えながら、チームプレーを行っている。 | ○チームの中心として、メンバーをとりまとめていた<br>○チームメンバーに声をかけ雰囲気を盛り上げていた |
| | (4) | 苦手な同僚、考え方の異なる同僚であっても、協力して仕事を進めている。 | ○ソリが合わない同僚であっても仕事を進めていた<br>○タイプの異なる同僚から自分も学ぼうとしていた |
| | (5) | 職場の新人や下位者に対して業務指導や仕事のノウハウ提供をしている。 | ○仕事が遅れている同僚に声をかけていた<br>○仕事のコツを新人に伝授していた |
| チャレンジ意欲（行動力・実行力を発揮して職務を遂行する能力） | (1) | 仕事を効率的に進められるように、作業の工夫や改善に取り組んでいる。 | ○マニュアルに違反しない範囲で自分なりのやり方を工夫していた<br>○改善提案を積極的に行っていた |
| | (2) | 必要性に気づいたら、人に指摘される前に行動に移している。 | ○上司やお客様の考えに基づいた対応ができていた<br>○自分の仕事の範囲外であっても必要に気づいたら動いていた |
| | (3) | よいと思ったことはどんどん上位者に意見を述べている。 | ○問題の指摘つながったようなやってはいけないという提案を行っていた<br>○度のルールやマニュアル等に前向きな意見を述べていた |
| | (4) | 未経験の仕事や難しい仕事でも「やらせてほしい」と自ら申し出ている。 | ○自ら積極的にアピールしていた<br>○新しい仕事を経験させてもらえるよう依頼していた<br>○苦手な仕事を無くすよう取り組んでいた |
| | (5) | 新しい仕事に挑戦するため、資格取得や自己啓発などに取り組んでいる。 | ○計画的に自己啓発に取り組んでいた<br>○自分の仕事に関連する資格取得に取り組んでいた |

| | | | |
|---|---|---|---|
| 考える力（向上心・探求心を持って課題を発見しながら職務を遂行する能力） | (1) | 作業や依頼されたことに対して、完成までの見通しを立てて、とりかかっている。 | ○作業を依頼されたときは、効率的に行えるよう考えていた<br>○複数の仕事や依頼を受けたときは、それぞれの日程を調整していた |
| | (2) | 新しいことに取り組むときには、手順や必要なことを洗い出している。 | ○作業を洗い出して、取り組む順番を整理していた<br>○取り掛かる前に、必要な人材、物、費用などを考え、上司に相談していた |
| | (3) | 仕事について工夫や改善を行った内容を再度点検して、さらによいものにしている。 | ○改善できたことは、周囲の人の意見を聞いて、検証していた<br>○仕事の改善について、定期的に、周囲の人と相談や打ち合わせしていた |
| | (4) | 上手くいかない仕事に対しても、原因をつきとめ、再チャレンジしている。 | ○問題の原因を見いだして上司に相談していた<br>○問題の解決方法を検討していた |
| | (5) | 不意の問題やトラブルが発生したときに、解決するための対応をとっている。 | ○緊急の対応をとって、すみやかに上司などに報告していた<br>○お客様第一に考えた行動をとっていた |

## 第8章　会社が30名以上になってきた時の人事制度の在り方

Ⅲ　技能・技術に関する能力
(1) 基本的事項
A：常にできている　B：大体できている　C：評価しない

| 能力ユニット | 職務遂行のための基準 | | 判定ガイドライン | | |
|---|---|---|---|---|---|
| | | | A | B | C |

| 能力ユニット | | 職務遂行のための基準 | 判定ガイドライン |
|---|---|---|---|
| ビジネス知識の習得 | (1) | 政治経済動向、一般常識などの基本的な事項や関係するビジネス分野の知識の習得に取り組んでいる。 | ○話題が広く、幅広い問題について知っていた<br>○新聞を毎日読んでいた<br>○関係するビジネス分野の資格試験（例えば日商簿記検定、ビジネス・キャリア検定制度等）の受験にも積極的だった |
| | (2) | 会社の事業領域や組織形態や組織構造について概要を理解している。 | ○細かいところまで理解していた<br>○新しく入ってきた派遣社員等に概要を説明できていた |
| | (3) | 会社の経営理念や社是・社訓等の内容を理解し、可能な範囲で実践している。 | ○社是・社訓等を理解し、自らも日常的に実践していた |
| PCの基本操作 | (1) | ワープロソフトを用いて基本的な文書を的確に作成している。 | ○様々な機能を使いこなし、スピーディにワープロソフトを操作していた<br>○文書のスタイルやフォント等まで意識して文書作成していた |
| | (2) | 表計算ソフトを用いて基本的な作表やグラフ作成を的確に行っている。 | ○様々な機能を使いこなし、スピーディに表計算ソフトを操作していた<br>○グラフ作成機能や関数機能等も効果的に使いこなしていた |
| | (3) | 電子メールの活用やインターネットを使った情報検索を支障なく行っている。 | ○電子メールの様々な機能を使いこなし、スピーディに操作していた<br>○インターネットを使った情報検索もスピーディだった |
| 企業倫理とコンプライアンス | (1) | 日常の職務行動において公私の区別をきちんとつけている。 | ○公私の区別をきちんとつけており、全く問題がなかった |
| | (2) | 業務上知得した秘密や情報を正当な理由なく他に開示したり盗用したりしない。 | ○情報の取扱いに細心の注意を払っており、全く問題がなかった<br>○秘密保持の理由を正確に理解していた |
| | (3) | 担当職務の遂行において遵守すべき法令上の要請事項を理解し、必ずこれを守っている。 | ○出身会社ルール等間に説明できる程度まで理解しており、全く問題がなかった |

147

| | | | | | |
|---|---|---|---|---|---|
| 関係者との連携・関係構築 | (1) | 周囲から質問や助力を求められた場合には快く誠意で対応している。 | | | ○余力がある範囲内で最大限の助力を惜しまなかった |
| | (2) | 担当職務と直接関係しない依頼であっても誠実に対応している。 | | | ○自分の担当外であっても非常に誠実で丁寧に対応していた |
| | (3) | 人的ネットワークを積極的に広げ、周囲に溶け込んでいる。 | | | ○自分から進んで行動を起こし、人脈の拡大に積極的に取り組んでいた |
| 成果の追求 | (1) | 困難な状況に直面しても真摯かつ誠実な態度で仕事に取り組んでいる。 | | | ○多忙期や困難に直面してもやる気を切らすことがなく、常に真摯かつ誠実に取り組んでいた |
| | (2) | 報告書など必要な提出物は期限内に怠りなく提出している。 | | | ○失念することは一度もなく十分な余裕をもって提出していた<br>○内容についても丁寧な仕上がりだった |
| | (3) | 二つ以上の仕事を抱えている場合、職責を果たすためには何をすべきか適切に判断している。 | | | ○仕事の重要度、緊急度をきちんと確認していた<br>○何をすべきか自分自身で考えようとする姿勢がみられた |
| 改善・効率化 | (1) | 書類や机上の整理・整頓・清掃など、効率的に仕事を進めるための環境を整えている。 | | | ○常に整理・整頓が行き届いており、全く問題がなかった |
| | (2) | 一度ミスした事項については、同じ間違いを繰り返さないよう注意している。 | | | ○同じミスを繰り返すことは皆無だった |
| | (3) | 自分の裁量の範囲内で工夫しながら仕事を行い、何らかの改善を試みている。 | | | ○具体的な改善や提案が一つ以上あった |

(2)専門的事項　(「職務遂行のための基準」ごとに、該当する欄に○を記載)

A:常にできている　B:大体できている　C:評価しない

| 能力ユニット | 職務遂行のための基準 | | 判定ガイドライン A | 判定ガイドライン B | 判定ガイドライン C |
|---|---|---|---|---|---|
| 労使関係基礎 | (1) | 組合がある場合とない場合の労務管理の進め方の相違など、労使関係に関する初歩的な事項を正しく理解している。 | ○労使関係の法制度や実情について、やや細かいところまで理解していた<br>○質問に的確に回答できていた | [illegible] | [illegible] |
| | (2) | 新聞やテレビ報道を通じて、最近の労使関係の動きや労働法令の動向等に関する初歩的な事項を把握している。 | ○労使問題について幅広く把握していた<br>○自分の考えや意見をもっていた | [illegible] | [illegible] |
| | (3) | 上司の指示を踏まえて労使交渉等に必要な資料の収集や図表の作成等の補助的実務を適切に行っている。 | ○逐一指示しなくともある程度自分で判断しながら実務を遂行していた<br>○資料収集や図表作成等は正確・迅速だった | [illegible] | [illegible] |
| | (4) | 上司の指示を踏まえて労働組合側担当者に対する基本的な連絡・伝達等を的確に行っている。 | ○組合への通知や他部署への連絡など非常にスムーズであった | [illegible] | [illegible] |
| | (5) | 労使交渉の会場設営や資料作成等の準備作業を的確に行っている。 | ○逐一指示しなくともある程度自分で判断しながら実務を遂行していた<br>○会場設営、資料作成など正確・迅速だった | [illegible] | [illegible] |
| 就業管理基礎 | (1) | 法定労働時間や休日、休暇の基本的事項など、就業管理に必要な労働基準法の初歩を正しく理解している。 | ○労働時間法制について、やや細かいところまで理解していた<br>○質問に的確に回答できていた | [illegible] | [illegible] |
| | (2) | 新聞やテレビ報道を通じて、働き方をめぐる問題や労働法令の動向等に関する初歩的事項を把握している。 | ○法令の改正ポイントを把握していた<br>○自分の考えや意見をもっていた | [illegible] | [illegible] |
| | (3) | 36協定など就業管理に必要な諸手続や書類・様式の種類、記入方法等を理解し、上司の指示を踏まえて適切に記入作成している。 | ○逐一指示しなくともある程度自分で判断しながら業務を遂行していた<br>○書類の作成、記入など正確・迅速だった | [illegible] | [illegible] |
| | (4) | 出勤簿の集計や勤怠管理データの整理集約など勤怠管理に関する補助的実務を上司の指示に沿って正しく行っている。 | ○逐一指示しなくともある程度自分で判断しながら業務を遂行している<br>○集計やデータの整理集約等は正確・迅速だった | [illegible] | [illegible] |
| | (5) | 特定労働者の雇用・就業管理について、上司の指示を踏まえて適切に補助業務を遂行している。 | ○逐一指示しなくともある程度自分で判断しながら業務を遂行していた<br>○規定等の解釈・適用は正確・確実だった | [illegible] | [illegible] |

| | | | | |
|---|---|---|---|---|
| 安全衛生基礎 | (1) | 会社の安全衛生管理体制や労働災害防止対策等に関する初歩的な事項を正しく理解している。 | ○安全衛生法令について、やや細かいところまで理解していた<br>○質問に的確に回答できた | |
| | (2) | 新聞やテレビ報道等を通じて、メンタルヘルスなど安全衛生に関係する事項等の初歩的な動向を把握している。 | ○幅広い動向について把握していた<br>○自分の考えや意見をもっていた | |
| | (3) | 安全委員会・衛生委員会など安全衛生活動推進に関する資料準備等の補助作業を適切に行っている。 | ○一々指示しなくともある程度自分で判断しながら業務を遂行していた<br>○資料作成、連絡調整等は正確・迅速だった | |
| | (4) | 健康診断等の実施に関する事務連絡や書類等の作成等の補助作業を適切に行っている。 | ○一々指示しなくともある程度自分で判断しながら業務を遂行していた<br>○事務連絡や資料作成等は正確・迅速だった | |
| | (5) | 安全衛生上問題があると感じる社内の労働環境について、具体的な指摘を行っている。 | ○現実味のある改善策があった | |
| 福利厚生基礎 | (1) | 住宅対策、財産形成対策など福利厚生等の基本的なメニューや会社で運営する制度の概要を正しく理解している。 | ○福利厚生制度について、やや細かいところまで理解していた<br>○質問に的確に回答できた | |
| | (2) | 新聞やテレビ報道を通じて、労働者意識・ライフスタイルの変化など福利厚生に影響を与える初歩的な事項を把握している。 | ○幅広い動向について把握していた<br>○自分の考えや意見をもっていた | |
| | (3) | 寮・社宅制度の運営に関し、初歩的な事務書類の作成や補助の実務を適切に行っている。 | ○一々指示しなくともある程度自分で判断しながら業務を遂行していた<br>○書類作成等は正確・迅速だった | |
| | (4) | 財産形成支援等に関し、初歩的な事務書類の作成や補助の実務を適切に行っている。 | ○一々指示しなくともある程度自分で判断しながら業務を遂行していた<br>○書類作成等は正確・迅速だった | |

**第8章** 会社が30名以上になってきた時の人事制度の在り方

いかがでしょか？このようなサンプルがなんと48業種245職種も掲載されています。巻末資料にも何点か掲載しておきますので、ご参考にしていただければと思います。ポイントは仕事を効果的、能率的に遂行するために保有すべき「知識」「技能・技術」に加えて「成果につながる行動」を具体的に記述されていますので、人材教育の現場では大変参考になる資料であると私は思います。

　この章では、会社が30名を超えてきた時の、人事制度について記載してきました。

　いずれにしても御社の人事制度がこの本をキッカケに改善の機会になれば幸いです。ここまでお読みいただき本当に有難うございました。　　　　　　　　　　　　　　　　　　感謝

### 5分ノート

　会社が成長して大きくなって30名以上になり、社長さん一人では全ての従業員を見れなくなってくるので、評価制度も再構築の時期になってくるものと思われます。そのようなとき、厚生労働省の所轄の中央職業能力開発協会の職業能力評価基準は、無料で閲覧ダウンロードできますのでご活用をお勧めします。

## まとめ

 最後までお読みいただき、大変有難うございました。
 「サッとできる小規模企業の人事制度」について、いくらかイメージを持っていただけましたか？
 前作「サッと作れる小規模企業の賃金制度」を経営書院様から出版していただきましたが、どうしても、小規模企業の社長さんが人事制度の決め方も悩んでいるお話をお聞きするたびに、なにかお役に立てることができないか、多忙な社長さんでも悩まずに人事制度を構築できないかとの思いが、消えませんでした。
 このたび、お蔭様でまた経営書院さんから出版させていただけることになり感謝の気持ちで一杯です。実は私は本を書こうなどと、数年前までは考えたこともありませんでした。また、私は字が大変下手なので、読むことは億劫ではありませんでしたが、こと書くことには大変臆病で抵抗がありました。
 そんな私が書く決心をしたのは、開業10年目で、なにか自分に区切りをつけなければならないと決意したのが始まりでした。また、名古屋の私が入塾している、北見塾の北見昌朗先生やその他多くの塾生のかたが本を出版されていることに、刺激をうけたのかもしれません。また、開業時から、尊

## まとめ

敬しているランチェスター経営で有名な竹田先生のお話で、自分は大変字がへたくそで文章など一番苦手であったが、人の3倍かけて書いた。そして今ではベストセラーの本もでている。仮に文章が苦手な方は人の三倍かけて書けばいいとのお話をお聞きし感動しました。

このような経緯もあり、今回の出版で5冊目になりました。多くの先生方のご支援があったからこそだと深く感謝申し上げます。

また、出版に際してインプルーブの小山社長には大変お世話になり有難うございました。それに、産労総合研究所出版部経営書院のご指導には深く感謝申しあげます。

今回のテーマである、小規模企業向けの人事制度の本が、今まで、あまり出版されていなかったので、私でも書くことができたのではないかと思っています。この本に書かれていることは、同業者の社会保険労務士の方や人事コンサルタントの方から見れば、三村さんのいう人事制度はおかしいし、そのような形で人事制度を決めるべきでないとお叱りをうけるかもしれないと思っています。しかし、小規模企業の会社であれば、私は、複雑な人事評価や制度はいらないのではないかと思っています。現に多くの中小企業の社長さんが、せっかく人事コンサルタントにお願いして、人事制度を導入したが、現在運用していないというお話を多く聞きます。結局以前のやり方でやっているとのことでした。このような社長さ

んが多いのには驚かされます。そのようなこともありこの本で紹介したような、シンプルな考え方もあっていいのではないかと思う次第です。

　また、当然会社が大きくなり30名以上の規模に成長してきた時には、やはり人事コンサルタントや社会保険労務士等に相談されて、本格的な人事制度に着手していくべきではないかと思います。この本が、社長様の人事制度への関心をもっていただけるキッカケの一つになれば幸いかと思っています。

　ちなみに、顧問先で、私の提案する人事制度は大変分かりやすくていいですと、現在のところ大変好評です。

　いづれにしても、人事制度は会社の人材育成の要になってくる根本的な課題です。この本をお読みいただいた社長さんが、シンプルな人事制度を理解していただき、会社と従業員が益々発展されることを心より祈念致します。

　本当に最後までお読みいただき大変有難うございました。

# 巻末資料

巻末資料

ステップ1

マズローの欲求五段階説と職務の関連表

（サンプル）

「会社の経営理念」

理念例（共に感動と感謝の創造）

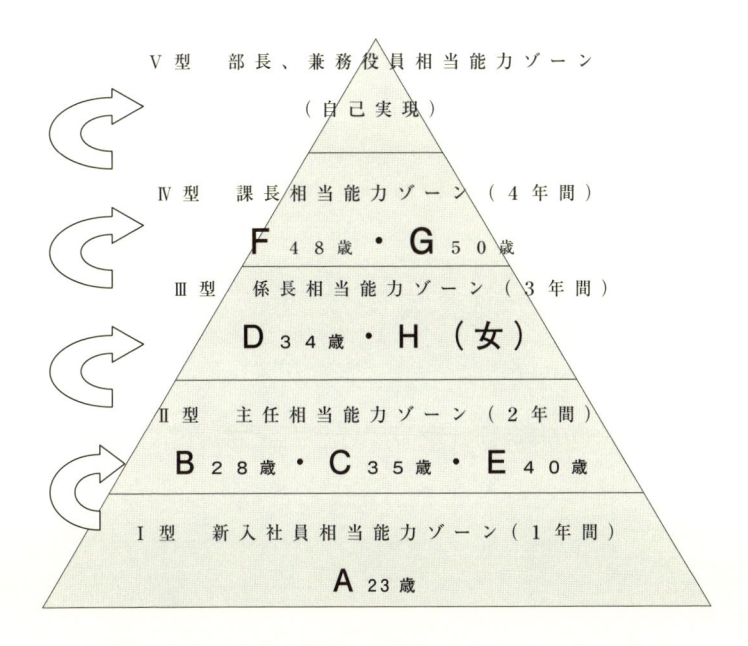

V型　部長、兼務役員相当能力ゾーン
（自己実現）

Ⅳ型　課長相当能力ゾーン（4年間）
F 48歳・G 50歳

Ⅲ型　係長相当能力ゾーン（3年間）
D 34歳・H（女）

Ⅱ型　主任相当能力ゾーン（2年間）
B 28歳・C 35歳・E 40歳

Ⅰ型　新入社員相当能力ゾーン（1年間）
A 23歳

ステップ1で入社順に全員記入し、個人の能力ごとに
ステップ2で各ゾーン修正移動

マズローの欲求五段階説と職務の関連表

（記入シート）

「会社の経営理念」

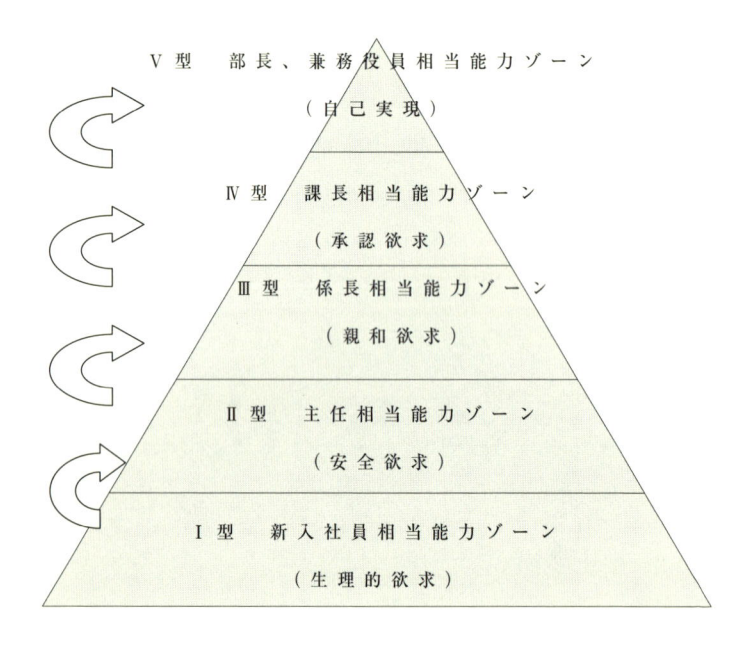

（　　　　　　　　　　　　　　　　　）

Ⅴ型　部長、兼務役員相当能力ゾーン
（自己実現）

Ⅳ型　課長相当能力ゾーン
（承認欲求）

Ⅲ型　係長相当能力ゾーン
（親和欲求）

Ⅱ型　主任相当能力ゾーン
（安全欲求）

Ⅰ型　新入社員相当能力ゾーン
（生理的欲求）

ステップ３

（サンプル）

職務基準表

| 職務レベル | 職務基準要件 | 必要となる職務能力の知識 | 役職をつけるとしたら | 滞留年数 |
|---|---|---|---|---|
| Ⅴ型<br>自己実現の欲求 | 会社の方針を把握し、会社の社長の右腕としての立場でも仕事ができ、また社長に対して企画立案などのマネジメントもできる | ○売上を上げることができる<br>○企画立案力<br>○問題解決能力<br>○責任感 | 部長<br>兼務役員 | 定年か退職 |
| Ⅳ型<br>承認の欲求 | 会社の方針を把握し、会社全体の業務も十分遂行できるようになり部下の指導も十分できる | ○売上を上げることができる<br>○指導力<br>○リーダーシップが取れる<br>○リスク管理力 | 課長 | 4〜7年 |
| Ⅲ型<br>親和の欲求 | 担当業務を十分に遂行できるようになり新入社員などに指導もできるようになる | ○確実な行動<br>○指導力<br>○持続力がある | 係長 | 3〜4年 |
| Ⅱ型<br>安全の要求 | 仕事の指示を受け、自らの創意工夫で業務が一人でこなせるようになる | ○正確な行動<br>○持続力がある<br>○専門的技術 | 主任 | 2〜3年 |
| Ⅰ型<br>生理的な欲求 | 新入社員として基本的な仕事を早く覚える | ○素直な行動<br>○持続力がある | 新入社員 | 1〜2年 |

ステップ3

(記入シート)

職務基準表

| 職務レベル | 職務基準要件 | 必要となる職務能力の知識 | 役職をつけるとしたら | 滞留年数 |
|---|---|---|---|---|
| V型 自己実現の欲求 | 会社の方針を把握し、会社の社長の右腕としての立場でも仕事ができ、また社長に対して独自立案などのマネジメントもできる | | 部長 兼務役員 | |
| IV型 承認の欲求 | 会社の方針を把握し、会社全体の業務も十分遂行できるようになり部下の指導も十分できる | | 課長 | |
| III型 親和の欲求 | 担当業務を十分に遂行できるようになり新入社員などに指導もできるようになる | | 係長 | |
| II型 安全の要求 | 仕事の指示を受け、自らの創意工夫で業務がこなせるようになる | | 主任 | |
| I型 生理的な欲求 | 新入社員として基本的な仕事を早く覚える | | 新入社員 | |

ステップ 4

(サンプル)

「各ゾーン達成度基準一覧」

|  | 達成度 | | |
|---|---|---|---|
|  | 勤怠達成度 | 能力達成度 | 業績達成度 |
| Ⅴ型 |  | 企画力<br>判断力 | 仕事の量 |
| Ⅳ型 |  | 指導力<br>判断力 | 仕事の量 |
| Ⅲ型 | 責任性<br>積極性 | 指導力<br>折衝力 | 仕事の質 |
| Ⅱ型 | 規律性<br>責任性 | 知識<br>技術・技能 | 仕事の質 |
| Ⅰ型 | 規律性<br>責任性 | 知識<br>技能・技術 |  |

ステップ 4

(記 入 シ ー ト)

「各ゾーン達成度基準一覧」

|  | 達 成 度 | | |
|---|---|---|---|
|  | 勤怠達成度 | 能力達成度 | 業績達成度 |
| Ⅴ型 |  |  |  |
| Ⅳ型 |  |  |  |
| Ⅲ型 |  |  |  |
| Ⅱ型 |  |  |  |
| Ⅰ型 |  |  |  |

ステップ5

## （サンプル）
### 勤怠達成度

| 考課区分 | 考課要素 | 要素定義 | 評価 |
|---|---|---|---|
| 勤怠考課 | 規律性 | 上司の指示・命令など定められた規則や職場の業務規律等、組織人として守るべき事柄の遵守の達成度 | |
| | 責任性 | 自分に与えられた仕事および担当業務に関し、職務を全うするという強い願望と意欲姿勢の達成度 | |
| | 協調性 | 組織の一員としての自覚を持ち、自分の仕事および担当業務の範囲外において同僚・上司・に対しての協力や職場全体の運営にプラスとなる行動の達成度 | |
| | 積極性 | 自己啓発、改善提案など「今以上に」といった願望・姿勢の度合い又は計算された裏付けをもってリスク対策をする際の達成度 | |

### 能力達成度

| 考課区分 | 考課要素 | 要素定義 | 評価 |
|---|---|---|---|
| 能力考課 | 知識 | 担当する仕事を遂行する上で必要な基本的理論・専門的・実務的知識の達成度 | |
| | 技能・技術 | 担当する仕事・業務をきれいに速く正確にできる必要な基礎 | |

| | | | |
|---|---|---|---|
| | | 的・実務的・専門的技能また、担当する仕事や業務を正確に行うに必要な熟練された専門的技術の達成度 | |
| | 判断力 | 自分の目線で目標・経営理念に照らして必要な情報を収集し、自ら進むべき行動を的確に選択し得る能力の達成度 | |
| | 企画力 | 目標や経営理念を実現するために効果的な手段を企画する能力。何をすべきか判断し、具体的なプランを組み立てていくことができる能力の達成度 | |
| | 折衝力 | 仕事を進めるうえでお客様と交渉し、良好な関係を維持しつつ、理解納得させて、仕事を有利にしていく能力の達成度 | |
| | 指導力 | 部下が必要とする能力を発達させるため、効果的な教育訓練を行い職場内のやる気を高める能力の達成度 | |

## 業績達成度

| 考課区分 | 考課要素 | 要素定義 | 評価 |
|---|---|---|---|
| 業績考課 | 仕事の量 | 担当業務の業務結果としてのお客様の増大・売上アップの仕事の達成度 | |
| | 仕事の質 | 担当業務の業務結果におけるお客様からクレームのない感謝される度合い達成度 | |

ステップ5

(記入シート)

勤怠達成度

| 考課区分 | 考課要素 | 要素定義 | 評価 |
|---|---|---|---|
| 勤怠考課 | 規律性 | | |
| | 責任性 | | |
| | 協調性 | | |
| | 積極性 | | |

能力達成度

| 考課区分 | 考課要素 | 要素定義 | 評価 |
|---|---|---|---|
| 能力考課 | 知識 | | |
| | 技能・技術 | | |

ステップ 5

(記 入 シ ー ト)

### 勤 怠 達 成 度

| 考課区分 | 考課要素 | 要素定義 | 評価 |
|---|---|---|---|
| 勤怠考課 | 規律性 | | |
| | 責任性 | | |
| | 協調性 | | |
| | 積極性 | | |

### 能 力 達 成 度

| 考課区分 | 考課要素 | 要素定義 | 評価 |
|---|---|---|---|
| 能力考課 | 知識 | | |
| | 技能・技術 | | |

|  | | | |
|---|---|---|---|
|  | 判 断 力 | | |
|  | 企 画 力 | | |
|  | 折 衝 力 | | |
|  | 指 導 力 | | |

## 業 績 達 成 度

| 考 課 区 分 | 考 課 要 素 | 要 素 定 義 | 評 価 |
|---|---|---|---|
| 業 績 考 課 | 仕 事 の 量 | | |
| | 仕 事 の 質 | | |

167

ステップ6

(サンプル)

「賃金の支給総額基準表」

| ゾーン | I型<br>(新入社員)<br>16万円以上 | II型<br>(主任等)<br>18万円以上 | III型<br>(係長等)<br>20万円以上 | IV型<br>(課長等)<br>25万円以上 | V型<br>(部長等)<br>30万円以上 |
|---|---|---|---|---|---|
| 賃金 | (総支給額) | (総支給額)<br>基本給<br>＋職務手当<br>等 合計 | (総支給額)<br>基本給<br>＋職務手当<br>＋役職手当<br>合計 | (総支給額)<br>基本給<br>＋職務手当<br>＋役職手当<br>合計 | (総支給額)<br>基本給<br>＋職務手当<br>＋役職手当<br>合計 |
| 滞留年数 | 1年から2年 | 2年から3年 | 3年から4年 | 4年から7年 | 退職まで |
| 時給 | 925円以上 | 1,040円以上 | 1,156円以上 | 1,445円以上 | 1,734円以上 |

巻末資料

ステップ6

（記入シート）

「賃金の支給総額基準表」

| ゾーン | Ⅰ型<br>（新入社員）<br>万円以上 | Ⅱ型<br>（主任等）<br>万円以上 | Ⅲ型<br>（係長等）<br>万円以上 | Ⅳ型<br>（課長等）<br>万円以上 | Ⅴ型<br>（部長等）<br>万円以上 |
|---|---|---|---|---|---|
| 賃金 | （総支給額） | （総支給額）<br>基本給<br>＋職務手当<br>等 合計 | （総支給額）<br>基本給<br>＋職務手当<br>＋役職手当<br>合計 | （総支給額）<br>基本給<br>＋職務手当<br>＋役職手当<br>合計 | （総支給額）<br>基本給<br>＋職務手当<br>＋役職手当<br>合計 |
| 滞留年数 | 年から　年 | 年から　年 | 年から　年 | 年から　年 | 退職まで |
| 時給 | 円以上 | 円以上 | 円以上 | 円以上 | 円以上 |

## 判定目安表（評価ガイドライン）

### Ⅱ 職務遂行のための基本的能力

A：常にできている　B：大体できている　C：評価しない

| 能力ユニット | 職務遂行のための基準 | | A |
|---|---|---|---|
| 働く意識と取組（自らの職業意識・勤労観を持ち職務に取り組む能力） | (1) | 法令や職場のルール、慣行などを遵守している。 | ○ルール、法令の概要及びその理由について理解していた<br>○実態に即してルールの見直しを提案していた |
| | (2) | 出勤時間、約束時間などの定刻前に到着している。 | ○時間や場所に間に合うよう準備をしていた<br>○周囲の模範となっていた |
| | (3) | 上司・先輩などからの業務指示・命令の内容を理解して従っている。 | ○途中経過を報告していた<br>○指示通りやってみて気づいた問題意識を意見具申していた |
| | (4) | 仕事に対する自身の目的意識や思いを持って、取り組んでいる。 | ○仕事をする目的、キャリア形成を考えていた<br>○仕事に対する問題意識を持っていた<br>○仕事を通して人に役立つことを考えていた |
| | (5) | お客様に納得・満足していただけるよう仕事に取り組んでいる。 | ○お客様の満足度を確認していた<br>○お客様の満足のため日々工夫していた<br>○お客様の要望やクレームは速やかに上司に報告していた |
| 責任感（社会の一員としての自覚を持って主体的に職務を遂行する能力） | (1) | 一旦引き受けたことは途中で投げ出さずに、最後までやり遂げている。 | ○最後まで絶対にやり抜く意思を持っていた<br>○仕事が定時に終わりそうになければ早めに報告していた |
| | (2) | 上司・先輩の上位者や同僚、お客様などとの約束は誠実に守っている。 | ○完了できるようにスケジュールを組んでいた<br>○突発的な変更にも柔軟に対応していた<br>○先方の都合を確認していた |
| | (3) | 必要な手続や手間を省くことなく、決められた手順どおりに仕事を進めている。 | ○できない理由ではなくてできる方法を考え、実行していた<br>○忙しいときは優先度を考慮して順序を入れ替えていた |
| | (4) | 自分が犯した失敗やミスについて、他人に責任を押し付けず自分で受け止めている。 | ○他人の失敗についても責任の一端があると認識していた<br>○失敗やミスをした原因を究明していた<br>○同じ失敗やミスをしないように対策を講じていた |
| | (5) | 次の課題を見据えながら、手がけている仕事に全力で取り組んでいる。 | ○内容/品質がよりよくなるように自分なりに工夫を加えていた<br>○期日/納期までに完了するよう効率化をしていた<br>○思いついたヒントをメモして次に活かしていた |
| ビジネスマナー（円滑に職務を遂行するためにマナーの良い対応を行う能力） | (1) | 職場において、職務にふさわしい身だしなみを保っている。 | ○職務にふさわしい頭髪、化粧をしていた<br>○職務、時と場合にふさわしい服装をしていた |
| | (2) | 職場の上位者や同僚などに対し、日常的な挨拶をきちんと行っている。 | ○目上の人に会釈していた<br>○会話中、来客中の場合は、声を出さず目で合図していた |
| | (3) | 状況に応じて適切な敬語の使い分けをしている。 | ○時と場所に応じて、失礼にならないようにしていた<br>○丁寧に話していた<br>○わかりやすいように言い回しを工夫していた |
| | (4) | お客様に対し、礼儀正しい対応（お辞儀、挨拶、言葉遣い）をしている。 | ○お客様の表情からどのような気持ちなのかを理解していた<br>○イライラしているときでもお客様の前ではすぐに気持ちを切り替えられた |
| | (5) | 接遇時、訪問時などに基本的なビジネス・マナーを実践している。 | ○自分よりもお客様の都合を優先していた<br>○お客様に好印象、好感を得られるように工夫していた |

※判定目安表は、次のホームページからダウンロードすることができます。
http://www.nhlw.go.jp/bunya/nouryoku/job_card01/jobcard05.html

巻末資料

## 『溶接・組立』

| 判定ガイドライン | |
|---|---|
| B | C |
| ○日常業務でやってはいけないことを理解していた<br>○ルール等に不明点がある場合には上司等に必ず確認していた<br>○どう対応したらよいか迷ったときは、周囲に相談していた | ○職場のルールが良く分かっていなかった<br>○ルールを破ることに抵抗感が無かった |
| ○「必ず5分前到着」など自らルールを決めていた<br>○交通トラブルなど遅れそうなときは必ず一報を入れていた<br>○生活リズムを調え健康管理に配慮していた | ○無断欠勤や遅刻することがあった<br>○夜更しなど生活リズムが不規則だった<br>○自分が遅刻すると周囲に迷惑がかかることを理解していなかった |
| ○指示内容を確認・明確化していた<br>○業務指示に素直に従っていた<br>○完了の報告をしていた | ○指図されることに反発することがあった<br>○指示を守らなくてもあまり気に留めなかった |
| ○目的意識を持って仕事に就いていた<br>○仕事のことを積極的に考えていた | ○仕事に興味もなく漫然と過ごしていた<br>○仕事をやらされていると考えていた |
| ○いつもお客様の満足度が大事と考えていた<br>○お客様の要望やクレームは上司に相談し、適切に対応していた | ○お客様からのクレームは他人任せにしていた<br>○お客様の満足や期待など考えたことがなかった<br>○お客様の要望やクレームにまったく応えていなかった |
| ○与えられた仕事はきちんとやる気持ちを持っていた<br>○自分ができるかどうかおおよその判断をしていた<br>○自分なりの努力や工夫をしていた | ○短時間で簡単に終了する仕事を優先していた<br>○難しい仕事は避けていた<br>○わからないことはわからないままにしていた |
| ○約束事を誠実に守るようにしていた<br>○約束事を忘れないようにメモしていた<br>○遅れそうなときは早めに連絡していた | ○約束事を忘れたことがあった<br>○期日／納期に遅れることがあった<br>○内容／品質が約束事と異なる結果となることがあった |
| ○困難な状況を認識し上位者に説明していた<br>○予め忙しさを念頭に入れてスケジュールを組んでいた<br>○難しい仕事でも自分なりに工夫／努力していた | ○安請け合いをして、回りに迷惑をかけていた<br>○最初はできると思っても、途中で投げ出していた<br>○困難な状況のまま放置していた |
| ○自分の仕事と受け止め責任感を持っていた<br>○関係を悪化させないように担当者に謝罪をしていた<br>○ミスを叱られた場合には素直に受け止めていた | ○「私たちは実習中だから責任はない」という態度だった<br>○指示内容・指導内容の確認を怠っていた<br>○同じ失敗やミスを何度も繰り返していた |
| ○仕事の手順・方法を確認していた<br>○期日／納期に合わせて仕事を進めていた<br>○必要に応じて途中経過を報告していた | ○向上心に欠けていた<br>○指示されたことだけしかやろうとしなかった<br>○できるにもかかわらず指示された範囲内のことしかしなかった |
| ○職場に影響のない頭髪、化粧をしていた<br>○時と場所をわきまえた服装をしていた<br>○決められた制服・服装の着用を遵守していた | ○職場にふさわしくない頭髪、ひげ、化粧、過度なアクセサリー等が周りに不快感を与えていた<br>○時と場所をわきまえない服装をして、回りに違和感を与えていた |
| ○出勤時に上位者や同僚等に対し挨拶をしていた<br>○帰宅時、上位者や同僚等に対し挨拶をしていた<br>○「おはようございます」「お先に失礼します」など、必要な挨拶をしていた | ○お客様と社員の区別ができていなかった<br>○社員の顔と名前が一致せず、誰に挨拶してよいかわからなかった<br>○きちんとした挨拶がほとんどできていなかった |
| ○違和感のない敬語を遣っていた<br>○よどみなくしゃべっていた<br>○わかりやすいようにビジネス用語を取り入れていた | ○敬語をよくわかっていなかった<br>○友達言葉(ためロ)になっていることがあった |
| ○決められた角度でお辞儀をしていた<br>○正しい挨拶をしていた<br>○正しい言葉遣いをしていた | ○会釈、敬礼などお辞儀の区分がわかっていなかった<br>○時と場合に応じてどのようなお辞儀をしていいかわかっていなかった<br>○お客様に対して友達言葉(ためロ)になっていた |
| ○ビジネスマナーの基本を理解していた<br>○知らないマナー・ルールは上司に確認していた | ○上座・下座の区別がついていなかった<br>○お客様のご都合の確認を怠っていた<br>○訪問する際に日時の確認を怠っていた |

溶接・組立1/7

| 能力ユニット | | 職務遂行のための基準 | A |
|---|---|---|---|
| コミュニケーション（適切な自己表現・双方向の意思疎通を図る能力） | (1) | 上司・先輩などの上位者に対し、正確にホウレンソウ（報告・連絡・相談）をしている。 | ○定期的に連絡するためスケジュールを設定していた<br>○内容を整理してわかりやすく報告していた<br>○内容に応じて、口頭・文書か、メモ・報告書か、使い分けて報告していた |
| | (2) | 自分の意見や主張を筋道立てて相手に説明している。 | ○事前に要点を整理していた<br>○必要に応じて内容のメモを残していた<br>○相手の表情、頷き、相槌を確認しながら説明していた |
| | (3) | 相手の心情に配慮し、適切な態度や言葉遣い、姿勢で依頼や折衝をしている。 | ○相手の身になって接していた<br>○相手が困っている場合、できる範囲で協力していた |
| | (4) | 職場の同僚等と本音で話し合える人間関係を構築している。 | ○相手の話す内容や言い方を積極的に傾聴していた<br>○考えや意見が異なる場合に、自分の意見や考えを伝えていた<br>○必要に応じてコミュニケーションを深めていた |
| | (5) | 苦手な上司や同僚とも、仕事上支障がないよう、必要な関係を保っている。 | ○相手の話をよく聞く機会を設けていた<br>○相手を上辺だけで判断せず、よいところも理解しようとしていた |
| チームワーク（協調性を発揮して職務を遂行する能力） | (1) | 余裕がある場合には、周囲の忙しそうな人の仕事を手伝っている。 | ○気づいた場合には仕事を手伝っていた<br>○仕事に不慣れな同僚を積極的に手伝っていた |
| | (2) | チームプレーを行う際には、仲間と仕事や役割を分担して協同で取り組んでいる。 | ○仕事の分担をし工夫していた<br>○一緒に仕事をする同僚・後輩をリードしていた |
| | (3) | 周囲の同僚の立場や状況を考えながら、チームプレーを行っている。 | ○チームの中心として、メンバーをとりまとめていた<br>○チームメンバーに声をかけ雰囲気を盛り上げていた |
| | (4) | 苦手な同僚、考え方の異なる同僚であっても、協力して仕事を進めている。 | ○ソリが合わない同僚であっても仕事を進めていた<br>○タイプの異なる同僚からの自分も学び取ろうとしていた |
| | (5) | 職場の新人や下位者に対して業務指導や仕事のノウハウ提供をしている。 | ○仕事が遅れている同僚に声をかけていた<br>○仕事のコツや要点を新人に伝授していた |
| チャレンジ意欲（行動力・実行力を発揮して職務を遂行する能力） | (1) | 仕事を効率的に進められるように、作業の工夫や改善に取り組んでいる。 | ○マニュアルに違反しない範囲で自分なりのやり方を工夫していた<br>○改善提案を積極的に行っていた |
| | (2) | 必要性に気づいたら、人に指摘される前に行動に移している。 | ○上司やお客様の考えに基づいた対応ができていた<br>○自分の仕事の範囲外であっても必要に気づいたら報告していた |
| | (3) | よいと思ったことはどんどん上位者に意見を述べている。 | ○問題の指摘ではなく「こうしたらよいのではないか」という提案を行っていた<br>○既存のルールやマニュアル等に疑問を持つ意見を述べていた |
| | (4) | 未経験の仕事や難しい仕事でも「やらせてほしい」と自ら申し出ている。 | ○自ら積極的にアピールしていた<br>○新しい仕事を経験させてもらえるよう依頼していた<br>○苦手な仕事を無くすよう取り組んでいた |
| | (5) | 新しい仕事に挑戦するため、資格取得や自己啓発などに取り組んでいる。 | ○計画的に自己啓発に取り組んでいた<br>○自分の仕事に関連する資格取得に取り組んでいた |
| 考える力（向上心・探求心を持って課題を発見しながら職務を遂行する能力） | (1) | 作業や依頼されたことに対して、完成までの見通しを立てて、とりかかっている。 | ○作業を依頼されたときは、効率的に行えるよう考えていた<br>○複数の仕事や依頼を受けたときは、それぞれの日程を調整していた |
| | (2) | 新しいことに取り組むときには、手順や必要なことを洗い出している。 | ○作業を洗い出して、取り掛かる順番を整理していた<br>○取り掛かる前に、必要な人材、物、費用などを考え、上司に相談していた |
| | (3) | 仕事について工夫や改善を行った内容を再度点検して、さらによいものにしている。 | ○改善できたことは、周囲の人の意見を聞いて、検証していた<br>○仕事の改善について、定期的に、周囲の人と相談や打ち合わせをしていた |
| | (4) | 上手くいかない仕事に対しても、原因をつきとめ、再チャレンジしている。 | ○問題の原因をみいだして上司に相談していた<br>○問題の解決方法を検討していた |
| | (5) | 不意の問題やトラブルが発生したときに、解決するための対応をとっている。 | ○緊急の対応をとって、すみやかに上司などに報告していた<br>○お客様第一に考えた行動をとっていた |

| 判定ガイドライン | |
|---|---|
| B | C |
| ○伝達事項を漏れなく連絡していた<br>○上位者に対してタイミングよく報告していた<br>○必要性を感じたら躊躇なく相談して問題解決を図っていた | ○聞かれるまで何もしていなかった<br>○上位者に報告を怠っていた<br>○上位者・同僚への連絡を怠っていた |
| ○言いたいことを整理してから話していた<br>○必要に応じてメモを作成していた | ○何を話しているかわからないことがあった<br>○相手の理解度を考慮せず一方的に話していた |
| ○どのような相手でも、適切な態度、言葉遣いをしていた<br>○相手の要望とこちらの要望をすり合わせていた | ○相手を考慮せず横柄な態度をとっていた<br>○乱暴な言葉遣いをしていた<br>○相手の言い分を聞いていなかった |
| ○同僚に共通する仕事の内容確認や情報交換を行っていた<br>○勤務時間後や休憩時間にコミュニケーションをとっていた | ○同僚に対して不信感があり、結果的に信頼も得られていなかった<br>○積極的に話しかけたりせず、同僚とのコミュニケーションが不足していた |
| ○出社時、帰宅時に挨拶をしていた<br>○仕事の内容、進捗を連絡していた<br>○必要に応じて報告するとともに、問題点を早めに相談していた | ○嫌いな上司や同僚との接触を避けていた<br>○必要最低限の連絡・会話しか取っていなかった |
| ○依頼されれば快く仕事を手伝っていた<br>○マニュアルに定められた他者フォローをきちんと行っていた | ○頼まれても「それは自分の仕事ではないから」という態度をとっていた<br>○自分の仕事をきちんとやっていれば他者を手伝わなくても批判される筋合いは無いと考えていた |
| ○同僚・後輩の能力を信頼していた<br>○自分と同僚・後輩との役割分担をしていた | ○同僚・後輩の能力を信用していなかった<br>○自分の思うようにならないとイライラしていた |
| ○周囲の人が何をやっているか確認していた<br>○周囲の仕事に悪影響を及ぼすような行為は控えていた | ○周囲を気にかけず、自分のやりたいようにやっていた<br>○自分の意見と合わない同僚は無視していた<br>○同僚に無意味な話をもちかけるなど、仕事の邪魔をしていた |
| ○タイプが異なる同僚とも支障なく仕事をしていた<br>○自分の考えを押し付けず、他人の個性を尊重していた | ○気の合う同僚とだけ仲良しグループを作っていた<br>○特定の同僚としか口をきかなかった |
| ○新人に対しわかることはアドバイスをしていた<br>○仕事の情報は同僚に連絡していた | ○他者のミスを非難していた<br>○情報を連絡しなかった |
| ○マニュアルを厳守していた<br>○認められた範囲で効率的に仕事を進める工夫をしていた | ○よいと思っていても促されないと発言しなかった<br>○上位者への提案をためらうことが多かった |
| ○気づいたことは上司や同僚に確認して行動していた<br>○マニュアル違反、ルール違反に気づいたらすぐに正しい行動をとっていた | ○マニュアルにないことはやらなかった<br>○上司からの指示がないと動かなかった<br>○自分の担当外のことには関心が無かった |
| ○時々、上司に提案を行うことがあった<br>○問題があると感じることはきちんと報告していた | ○よいと思っていても促されないと発言しなかった<br>○上位者への提案に気後れやためらいがあった |
| ○仕事を選り好みせずやっていた<br>○興味・関心がある仕事はその旨をアピールしていた<br>○経験のない仕事であってもチャレンジしていた | ○仕事を選り好みした<br>○自分の興味・関心が無い仕事は頼まれても断った |
| ○将来どうしたいか目的をもっていた<br>○資格取得や技能習得を目指して何らかの勉強を開始していた | ○将来どうしたいか全く考えていなかった<br>○自己啓発に無関心で漫然と過ごしていた |
| ○作業を依頼されたときは、期限を確認していた<br>○複数の仕事が重なるときは上司などに相談していた | ○手近なことから処理していた<br>○複数の仕事や依頼を受けたら、楽なことからしていた |
| ○どんな作業が必要となるか、洗い出していた<br>○自分だけでできそうか考えて、周囲の人に相談していた | ○特に準備は行わず、それまでの仕事と同じように対処していた<br>○途中で停滞ややり直しが生じていた |
| ○もっといい方法はないかと、再度点検していた<br>○よさそうだと思ったことは、試しにやってみていた | ○一旦、工夫や改善をしたら、その結果を点検しなかった<br>○やりにくいままやり続けていた |
| ○問題となっていることを、上司などに報告していた<br>○うまくいかないときは、仕事の手順をチェックしていた | ○上手くいかないときは諦めていた<br>○遅れが生じて周りに迷惑をかけていた |
| ○すみやかに問題やトラブルを上司や同僚に連絡していた<br>○マニュアルに書いてあることは、その場で対応していた | ○直接担当する仕事でない場合は、特に何もしなかった<br>○簡単な頼みごとも断っていた |

巻末資料

## Ⅲ 技能・技術に関する能力
### (1) 基本的事項 (「職務遂行のための基準」ごとに、該当する欄に〇を記載)
A:常にできている　B:大体できている　C:評価しない　「評価を行わなかった」場合は／(斜線)でC欄を消す

| 能力ユニット | | 職務遂行のための基準 | A |
|---|---|---|---|
| 安全衛生及び諸ルールの遵守 | (1) | 会社や工場の定める安全規程の内容を正しく理解し、これに反する行動は行っていない。 | 〇十分に理解し、常に率先垂範して行動していた |
| | (2) | 環境問題に対する意識をもち、廃液・産廃物の処理やリサイクル・分別収集などルールに則った行動をとっている。 | 〇環境に対する意識が高く、資材を無駄にしないなどの省エネ、省資源に配慮した行動をとっていた |
| | (3) | 事故防止のため心身の健康を自己管理している。 | 〇自ら体力の増進を心がけ、周囲の人々の健康管理も気遣っていた |
| | (4) | 作業場を常に整理するなど、危険を誘発する要因の除去に努めている。 | 〇整理整頓は十分にでき、職場全体の危険防止にも気を配っていた |
| | (5) | 「多分大丈夫だろう」という意識ではなく、「ひょっとしたら事故が起きるかもしれない」という問題意識をもって、日頃から慎重に作業を行っている。 | 〇自らの仕事はもちろん、周りの人々にも注意を促すことができていた |
| 改善活動による問題解決 | (1) | 生産全体の中での自分の担当工程や担当作業の役割を正しく理解している。 | 〇自分の役割を正しく理解したうえで、他の役割への理解も深めようとしていた |
| | (2) | 加工、組立、検査、保全など担当作業の標準作業を把握し、正しい方法で作業を行っている。 | 〇手順を十分に理解し、作業においても効率的に進めることができていた |
| | (3) | 作業の実施方法や実施手順に曖昧な点がある場合には、曖昧なままにすることなく必ず上司や先輩に質問し、解決している。 | 〇積極的な質問で問題を解決し、さらに次のことを取り組もうとしていた |
| | (4) | 自分なりに工夫しながら仕事を行い、些細なことであっても改善を試みている。 | 〇具体的な改善や提案が実際にあった |
| | (5) | 常に身の回りの整理・整頓や清掃を行うなど、作業しやすく衛生的な環境づくりを行っている。 | 〇積極的に整理整頓を行い、率先垂範して職場の美化を実践していた |
| | (6) | 小集団活動など組織的に改善活動に取り組んでいる場合には、積極的に活動に参加している。 | 〇活動には前向きに参加し、改善提案も行っていた |
| 関係者との連携による業務の遂行 | (1) | 自社(工場)の組織構造、各工程の役割分担等について一通り理解している。 | 〇十分に理解し、具体的に説明することもできた |
| | (2) | 同僚や先輩から上手な仕事のやり方やコツを吸収している。 | 〇十分に吸収し、不明確なところは質問して確認していた |
| | (3) | 上司や先輩からの助言や指導に沿った行動をとっている。 | 〇十分に理解して行動していた |
| | (4) | 担当外の事項に関する依頼であっても、丁寧に対応したり担当者を紹介したりするなど、周囲との友好関係・信頼関係の構築に努めている。 | 〇関係者からの依頼に、好感が持てるようにしっかりと対応していた |
| | (5) | 前後シフトや前後工程の担当者との間に協力的な関係を構築すべく、日頃からコミュニケーションに努めている。 | 〇前後シフトや前後工程の担当者との間に協力的な関係を構築すべく、日頃からコミュニケーションに努めている |
| | (6) | 会社行事や各種懇親会など、仕事以外の集まりにも積極的に参加し、職場以外の人的ネットワークを広げるよう努めている。 | 〇仕事以外の集まりでも、人間関係の構築に努めるように積極的に参加しコミュニケーションをとっていた |

| 判定ガイドライン | |
| --- | --- |
| B | C |
| ○全般的に理解し、行動していた | ○理解が足りず、行動にもミスが目立っていた |
| ○環境に対する意識を持ち、廃棄物の分別などのルールを守っていた | ○環境への配慮が足りず、廃棄物の分別などのルールが守られていなかった |
| ○健康には留意し、体調が悪い場合には確実に上司に報告していた | ○健康管理に無関心で、遅刻や欠勤がちで、目立つ報告も不十分であった |
| ○整理整頓を心がけ、事故が起こらないようにしていた | ○整理整頓が不十分で、不安全な状況がみられた |
| ○注意力をもって作業を行っていた<br>○特段の注意や指導は必要なかった | ○慎重さを欠く行動が度々みられた<br>○事故につながる恐れがあり、注意を要することがあった |
| ○自らの仕事を理解していた | ○自らの仕事を十分に理解できていなかった |
| ○手順を理解し、作業できていた | ○理解が不十分で、作業も満足できるものではなかった |
| ○分からない内容を質問し、解決していた | ○分からなくても質問せず、自分の判断で作業を実施してしまうことが度々あった |
| ○改善しようとする姿勢が見られ、特段の注意や指導を要さなかった | ○自ら改善しようという姿勢がほとんど見られなかった |
| ○決められたことを実施し、職場づくりに協力していた | ○決められたことをやらず、片付けも不十分であった |
| ○決められた活動には参加し、内容も理解していた | ○決められた活動にも参加せず、内容の理解も不十分であった |
| ○一通りは理解していた | ○理解できていなかった |
| ○言われたことはどうにか吸収できていた | ○何度言われても吸収できていなかった |
| ○指導された通りの行動をとっていた | ○指導されたことが十分に行動に反映されていなかった |
| ○関係者からの依頼に、普通に対応していた | ○関係者からの依頼には、冷たく対応していた |
| ○必要最低限の挨拶や対応ができ、悪い印象はもたれていなかった | ○挨拶やおじぎもせず、周りに悪い印象を与えていた |
| ○仕事以外の集まりにも参加できていた | ○仕事以外の集まりには参加しようとしなかった |

溶接・組立3/7

## (2) 専門的事項 （「職務遂行のための基準」ごとに、該当する欄に〇を記載）

A:常にできている　B:大体できている　C:評価しない　「評価を行わなかった」場合は／（斜線）でC欄を消す

| 能力ユニット | | 職務遂行のための基準 | A |
|---|---|---|---|
| 環境保全への取組 | (1) | 地球環境問題や地域の環境問題などに関心を持ち、環境保全への取組みの背景を理解している。 | 〇地球環境問題や地域の環境問題などに関心を持ち、環境保全への取組みの背景を十分に理解していた |
| | (2) | 自社の企業理念や環境方針について、どのような環境保全に取り組まなければならないのか、行動指針として理解している。 | 〇自社の企業理念や環境方針について、どのような環境保全に取り組まなければならないのか、行動指針として十分に理解していた |
| | (3) | 金属プレス加工業の特徴、自社の特徴をとらえ、自分の業務における環境負荷を理解している。 | 〇金属プレス加工業の特徴、自社の特徴をとらえ、自分の業務における環境負荷を十分に理解していた |
| | (4) | 潤滑油の環境に与える影響について概略を理解している。 | 〇潤滑油の環境に与える影響について概略を十分に理解していた |
| | (5) | 自分たちの業務において、著しい環境影響を与える業務を理解している。 | 〇自分たちの業務において、著しい環境影響を与える業務を十分に理解していた |
| | (6) | 自分の業務に適用される環境関連法規を理解している。 | 〇自分の業務に適用される環境関連法規を十分に理解していた |
| | (7) | 金属プレス加工業の特徴、自社の特徴をとらえた効果的な環境保全活動を実施している。 | 〇金属プレス加工業の特徴、自社の特徴を十分に理解し、とらえた効果的な環境保全活動を実施していた |
| | (8) | 日常生活においても、省エネ・省資源などの環境に配慮した行動をとっている。 | 〇日常生活においても、省エネ・省資源などの環境に十分配慮した行動をしていた<br>〇日常生活において、自分なりにも、工夫して行動していた |
| アーク溶接 | (1) | 上司や先輩の指導のもと、作業手順書（作業マニュアル）に基づいて、アーク溶接機を使用した金属の溶接、溶断、加熱の作業を行っている。 | 〇アーク溶接機を常に指示通りに使用していた<br>〇業務は正確・迅速に行っていた |
| | (2) | 上司や先輩の指導のもと、溶接物の材質や汚れ具合に応じた洗浄作業等の前作業や、アーク溶接に関する段取り作業を実施している。 | 〇洗浄作業等の前作業や段取り作業を常に指示通りに実施していた<br>〇業務は正確・迅速に行っていた |
| | (3) | 基本的な溶接記号を理解している | 〇基本的な溶接記号を十分に理解していた<br>〇業務上の受け答えは的確だった |
| | (4) | 上司や先輩の指導のもと、溶接物の形状・構造・重量に合わせた溶接用治工具を選定している。 | 〇形状に合わせた溶接用治工具を常に指示通りに選定していた<br>〇業務は正確・迅速に行っていた |
| | (5) | 上司や先輩の指導のもと、溶接継手に応じた溶接条件に基づき、簡単な作業姿勢におけるアーク溶接を行っている。 | 〇簡単な溶接条件に基づき、アーク溶接を常に指示通りに行っていた<br>〇業務は正確・迅速に行っていた |
| | (6) | 上司や先輩の指導のもと、ガウジング幅、ノッチ、裕厚等を考慮しながら、加工物に合わせたガウジングを行っている。 | 〇加工条件を考慮し、ガウジングを常に指示通りに行っていた<br>〇業務は正確・迅速に行っていた |
| | (7) | 溶接・組立現場の5S（整理・整頓・清掃・清潔・しつけ）を意識して作業に取り組んでいる。 | 〇5S（整理・整頓・清掃・清潔・しつけ）を十分に意識して作業に取り組んでいた |
| | (8) | 上司や先輩の指導のもと、作業手順書（作業マニュアル）に基づいて、アーク溶接した製品の品質を検査し、溶込不足、アンダーカット、ビード外観の粗悪さ、問題を発見している。 | 〇製品の品質を検査し、製品の問題を常に指示通りに発見していた<br>〇業務は正確・迅速に行っていた |
| | (9) | 上司や先輩の指導のもと、作業手順書（作業マニュアル）に基づいて、引っ張り試験、曲げ試験、衝撃試験、硬さ試験等の破壊検査を実施している。 | 〇破壊検査を常に指示通りに実施していた<br>〇業務は正確・迅速に行っていた |
| | (10) | 上司や先輩の指導のもと、作業手順書（作業マニュアル）に基づいて、溶接機の点検・保全を行い、外部の変形・損傷の有無、構造や接続端部の露出など、装置の不調を発見した場合は直ちに上司や先輩に連絡を取っている。 | 〇溶接機の点検・保全には装置の支障を発見した場合、常に通常の連絡を取っていた<br>〇業務は正確・迅速に行っていた |

| 判定ガイドライン | |
|---|---|
| B | C |
| ○地球環境問題や地域の環境問題などに関心を持ち、環境保全への取組みの青意をおおおむね理解していた | ○地球環境問題や地域の環境問題などに関心が薄く、環境保全への取組みの青意をほとんど理解していなかった |
| ○自社の企業理念や環境方針について、どのような環境保全に取り組まなければならないのか、行動指針としておおむね理解していた | ○自社の企業理念や環境方針について、どのような環境保全に取り組まなければならないのか、行動指針としてほとんど理解していなかった |
| ○自分の業務における環境負荷についておおむね理解していた | ○自分の業務における環境負荷をほとんど理解していなかった |
| ○潤滑油の環境に与える影響について概略をおおむね理解していた | ○潤滑油の環境に与える影響について概略をほとんど理解していなかった |
| ○自分たちの業務において、著しい環境影響を与える業務をおおむね理解していた | ○自分たちの業務において、著しい環境影響を与える業務をほとんど理解していなかった |
| ○自分の業務に適用される環境関連法規をおおむね理解していた | ○自分の業務に適用される環境関連法規をほとんど理解していなかった |
| ○金属プレス加工業の特徴、自社の特徴をおおむね理解し、環境保全活動を実施していた | ○金属プレス加工業の特徴、自社の特徴をほとんど理解しておらず、環境保全活動を実施していなかった |
| ○日常生活においても、省エネ・省資源などの環境におおむね配慮した行動をもしていた | ○日常生活においても、省エネ・省資源などの環境に配慮した行動をほとんどしていなかった |
| ○アーク溶接機をおおむね指示通りに使用していた<br>○業務の遂行上、特段の支障はなかった | ○アーク溶接機をほとんど指示通りに使用できていなかった<br>○業務の遂行に支障をきたしていた |
| ○洗浄作業等の前作業や段取り作業をおおむね指示通りに実施していた<br>○業務遂行上、特段の支障はなかった | ○洗浄作業等の前作業や段取り作業をほとんど指示通りに実施できていなかった<br>○業務の遂行に支障をきたしていた |
| ○基本的な溶接記号をおおむね理解していた<br>○業務遂行上、特段の支障はなかった | ○基本的な溶接記号をほとんど理解していなかった<br>○業務の遂行に支障をきたしていた |
| ○溶接物に合わせた溶接用治工具をおおむね指示通りに選定していた<br>○業務遂行上、特段の支障はなかった | ○溶接物に合わせた溶接用治工具をほとんど指示通りに選定できていなかった<br>○業務の遂行に支障をきたしていた |
| ○継手の溶接条件に基づき、アーク溶接を概ね指示通りに行っていた<br>○業務遂行上、特段の支障はなかった | ○継手の溶接条件に基づいたアーク溶接を指示通りに行えない場合が度々あった<br>○業務の遂行に支障をきたしていた |
| ○加工条件を考慮し、ガウジングをおおむね指示通りに行っていた<br>○業務遂行上、特段の支障はなかった | ○加工条件を考慮したガウジングを指示通りに行えない場合が度々あった<br>○業務の遂行に支障をきたしていた |
| ○5S(整理・整頓・清掃・清潔・しつけ)をおおむね意識して作業に取り組んでいた | ○5S(整理・整頓・清掃・清潔・しつけ)を意識していない場合が度々あった |
| ○製品の品質を検査し、製品の問題をおおむね指示通りに発見していた<br>○業務遂行上、特段の支障はなかった | ○製品の品質を検査し、製品の問題をほとんど指示通りに発見できていなかった<br>○業務の遂行に支障をきたしていた |
| ○破壊検査をおおむね指示通りに実施していた<br>○業務遂行上、特段の支障はなかった | ○破壊検査をほとんど指示通りに実施できていなかった<br>○業務の遂行に支障をきたしていた |
| ○溶接機の点検・保全により装置の支障を発見した場合はおおむね連絡を取っていた<br>○業務遂行上、特段の支障はなかった | ○溶接機の点検・保全により装置の支障を発見しても連絡できない場合が度々あった<br>○業務の遂行に支障をきたしていた |

溶接・組立 4/7

| 能力ユニット | | 職務遂行のための基準 | A |
|---|---|---|---|
| アルゴンシールド溶接 | (1) | アルゴンシールド溶接に使用する機器各部の名称と機能、使用方法についての概要を理解している。 | ○使用機器の名称・機能・使用方法を十分に理解していた<br>○業務上の受け答えは的確だった |
| | (2) | 上司や先輩の指導のもと、溶接物の材質や汚れ具合に応じた洗浄作業等の前作業や、アルゴンシールド溶接に関する段取り作業を実施している。 | ○洗浄作業等の前作業や段取り作業を常に指示通りに実施していた<br>○業務は正確・迅速に行っていた |
| | (3) | 基本的な溶接記号を理解している。 | ○基本的な溶接記号を十分に理解していた<br>○業務上の受け答えは的確だった |
| | (4) | 上司や先輩の指導のもと、溶接物の形状・構造・重量に合わせた溶接用治工具を選定している。 | ○溶接物に合わせた溶接用治工具を常に指示通りに選定していた<br>○業務は正確・迅速に行っていた |
| | (5) | 上司や先輩の指導のもと、溶接継手に応じた溶接条件に基づき、簡単な作業姿勢におけるアルゴンシールド溶接を行っている。 | ○継手の溶接条件に基づき、アルゴンシールド溶接を常に指示通りに行っていた<br>○業務は正確・迅速に行っていた |
| | (6) | 上司や先輩の指導のもと、ガウジング幅、ノッチ、板厚等を考慮しながら、加工物に合わせたガウジングを行っている。 | ○加工条件を考慮して、ガウジングを常に指示通りに行っていた<br>○業務は正確・迅速に行っていた |
| | (7) | 溶接・組立現場の5S（整理・整頓・清潔・清掃・しつけ）を意識して作業に取り組んでいる。 | ○5S（整理・整頓・清潔・清掃・しつけ）を十分に意識して作業に取り組んでいた |
| | (8) | 上司や先輩の指導のもと、作業手順書（作業マニュアル）に基づいて、アルゴンシールド溶接された製品の品質を検査し、溶込不足、アンダカット、ビード外観の異常などの問題を発見している。 | ○製品の品質を検査し、製品の問題を常に指示通りに発見していた<br>○業務は正確・迅速に行っていた |
| | (9) | 上司や先輩の指導のもと、作業手順書（作業マニュアル）に基づいて、引っ張り試験、曲げ試験、衝撃試験、硬さ試験等の破壊検査を実施している。 | ○破壊検査を常に指示通りに実施していた<br>○業務は正確・迅速に行っていた |
| | (10) | 上司や先輩の指導のもと、作業手順書（作業マニュアル）に基づいて、溶接機の点検・保全を行い、外観の変形・損傷の有無、専用の破損保護部分の有無など、装置の支障を発見した場合は直ちに上司や先輩に連絡を取っている。 | ○溶接機の点検・保全により装置の支障を発見した場合は、常に適切な連絡を取っていた<br>○業務は正確・迅速に行っていた |
| ガス溶接 | (1) | 上司や先輩の指導のもと、作業手順書（作業マニュアル）に基づいて、可燃性ガスと酸素を使用した金属の溶接、溶断、加熱の作業を行っている。 | ○溶接、溶断、加熱の作業を常に指示通りに行っていた<br>○業務は正確・迅速に行っていた |
| | (2) | 上司や先輩の指導のもと、溶接物の材質や汚れ具合に応じた洗浄作業等の前作業や、ガス溶接に関する段取り作業を実施している。 | ○作業の前作業や段取り作業を常に指示通りに実施していた<br>○業務は正確・迅速に行っていた |
| | (3) | 基本的な溶接記号を理解している。 | ○基本的な溶接記号を十分に理解していた<br>○業務上の受け答えは的確だった |
| | (4) | 上司や先輩の指導のもと、溶接物の形状・構造・重量に合わせた溶接用治工具を選定している。 | ○溶接物に合わせた溶接用治工具を常に指示通りに選定していた<br>○業務は正確・迅速に行っていた |
| | (5) | 上司や先輩の指導のもと、溶接継手に応じた溶接条件に基づき、簡単な作業姿勢におけるガス溶接を行っている。 | ○継手の溶接条件に基づき、ガス溶接を常に指示通りに行っていた<br>○業務は正確・迅速に行っていた |
| | (6) | 上司や先輩の指導のもと、ガウジング幅、ノッチ、板厚等を考慮しながら、加工物に合わせたガウジングを行っている。 | ○加工条件を考慮して、ガウジングを常に指示通りに行っていた<br>○業務は正確・迅速に行っていた |
| | (7) | 溶接・組立現場の5S（整理・整頓・清潔・清掃・しつけ）を意識して作業に取り組んでいる。 | ○5S（整理・整頓・清潔・清掃・しつけ）を十分に意識して作業に取り組んでいた |
| | (8) | 上司や先輩の指導のもと、作業手順書（作業マニュアル）に基づいて、ガス溶接された製品の品質を検査し、溶込不足、アンダカット、ビード外観の異常などの問題を発見している。 | ○製品の品質を検査し、製品の問題を常に指示通りに発見していた<br>○業務は正確・迅速に行っていた |
| | (9) | 上司や先輩の指導のもと、作業手順書（作業マニュアル）に基づいて、引っ張り試験、曲げ試験、衝撃試験、硬さ試験等の破壊検査を実施している。 | ○破壊検査を常に指示通りに実施していた<br>○業務は正確・迅速に行っていた |
| | (10) | 上司や先輩の指導のもと、作業手順書（作業マニュアル）に基づいて、溶接機の点検・保全を行い、外観の変形・損傷の有無、専用の破損保護部分の有無など、装置の支障を発見した場合は直ちに上司や先輩に連絡を取っている。 | ○溶接機の点検・保全により装置の支障を発見した場合は、常に適切な連絡を取っていた<br>○業務は正確・迅速に行っていた |

## 巻末資料

| 判定ガイドライン ||
|---|---|
| B | C |
| ○使用機器の名称・機能・使用方法をおおむね理解していた<br>○業務遂行上,特段の支障はなかった | ○使用機器の名称・機能・使用方法をほとんど理解していなかった<br>○業務の遂行に支障をきたしていた |
| ○洗浄作業等の前作業や段取り作業をおおむね指示通りに実施していた<br>○業務遂行上,特段の支障はなかった | ○洗浄作業等の前作業や段取り作業をほとんど指示通りに実施できていなかった<br>○業務の遂行に支障をきたしていた |
| ○基本的な溶接記号をおおむね理解していた<br>○業務遂行上,特段の支障はなかった | ○基本的な溶接記号をほとんど理解していなかった<br>○業務の遂行に支障をきたしていた |
| ○溶接物に合わせた溶接用治工具をおおむね指示通りに選定していた<br>○業務遂行上,特段の支障はなかった | ○溶接物に合わせた溶接用治工具をほとんど指示通りに選定できていなかった<br>○業務の遂行に支障をきたしていた |
| ○継手の溶接条件に基づき,アルゴンシールド溶接をおおむね指示通りに行っていた<br>○業務遂行上,特段の支障はなかった | ○継手の溶接条件に基づいたアルゴンシールド溶接を指示通りに行えない場合が度々あった<br>○業務の遂行に支障をきたしていた |
| ○加工条件を考慮し,ガウジングをおおむね指示通りに行っていた<br>○業務遂行上,特段の支障はなかった | ○加工条件を考慮したガウジングをほとんど指示通りに行えていなかった<br>○業務の遂行に支障をきたしていた |
| ○5S(整理・整頓・清潔・清掃・しつけ)をおおむね意識して作業に取り組んでいた | ○5S(整理・整頓・清潔・清掃・しつけ)を意識していない場合が度々あった |
| ○製品の品質を検査し,製品の問題をおおむね指示通りに発見していた<br>○業務遂行上,特段の支障はなかった | ○製品の品質を検査し,製品の問題をほとんど指示通りに発見できていなかった<br>○業務の遂行に支障をきたしていた |
| ○破壊検査をおおむね指示通りに実施していた<br>○業務遂行上,特段の支障はなかった | ○破壊検査をほとんど指示通り実施できていなかった<br>○業務の遂行に支障をきたしていた |
| ○溶接機の点検・保全により装置の支障を発見した場合はおおむね連絡を取っていた<br>○業務遂行上,特段の支障はなかった | ○溶接機の点検・保全により装置の支障を発見しても連絡できない場合が度々あった<br>○業務の遂行に支障をきたしていた |
| ○溶接,溶断,加熱の作業をおおむね指示通りに行っていた<br>○業務遂行上,特段の支障はなかった | ○溶接,溶断,加熱の作業をほとんど指示通りに行えていなかった<br>○業務の遂行に支障をきたしていた |
| ○作業の前作業や段取り作業をおおむね指示通りに実施していた<br>○業務遂行上,特段の支障はなかった | ○作業の前作業や段取り作業をほとんど指示通りに実施できていなかった<br>○業務の遂行に支障をきたしていた |
| ○基本的な溶接記号をおおむね理解していた<br>○業務遂行上,特段の支障はなかった | ○基本的な溶接記号をほとんど理解していなかった<br>○業務の遂行に支障をきたしていた |
| ○溶接物に合わせた溶接用治工具をおおむね指示通りに選定していた<br>○業務遂行上,特段の支障はなかった | ○溶接物に合わせた溶接用治工具をほとんど指示通りに選定できていなかった<br>○業務の遂行に支障をきたしていた |
| ○継手の溶接条件に基づき,ガス溶接をおおむね指示通りに行っていた<br>○業務遂行上,特段の支障はなかった | ○継手の溶接条件に基づいたガス溶接を指示通りに行えない場合が度々あった<br>○業務の遂行に支障をきたしていた |
| ○加工条件を考慮し,ガウジングをおおむね指示通りに行っていた<br>○業務遂行上,特段の支障はなかった | ○加工条件を考慮したガウジングをほとんど指示通りに行えていなかった<br>○業務の遂行に支障をきたしていた |
| ○5S(整理・整頓・清潔・清掃・しつけ)をおおむね意識して作業に取り組んでいた | ○5S(整理・整頓・清潔・清掃・しつけ)を意識していない場合が度々あった |
| ○製品の品質を検査し,製品の問題をおおむね指示通りに発見していた<br>○業務遂行上,特段の支障はなかった | ○製品の品質を検査し,製品の問題をほとんど指示通りに発見できていなかった<br>○業務の遂行に支障をきたしていた |
| ○破壊検査をおおむね指示通りに実施していた<br>○業務遂行上,特段の支障はなかった | ○破壊検査をほとんど指示通り実施できていなかった<br>○業務の遂行に支障をきたしていた |
| ○溶接機の点検・保全により装置の支障を発見した場合はおおむね連絡を取っていた<br>○業務遂行上,特段の支障はなかった | ○溶接機の点検・保全により装置の支障を発見しても連絡できない場合が度々あった<br>○業務の遂行に支障をきたしていた |

溶接・組立 5/7

| 能力ユニット | | 職務遂行のための基準 | A |
|---|---|---|---|
| ろう付け | (1) | ろう付けに使用する機器各部の名称と機能、使用方法についての概要を理解している。 | ○使用機器の名称・機能・使用方法を十分に理解していた<br>○業務上の受け答えは的確だった |
| | (2) | 上司や先輩の指導のもと、母材表面の洗浄やフラックスの用意等、ろう付けに関する段取り作業を実施している。 | ○段取り作業を常に指示通りに実施していた<br>○業務は正確・迅速に行っていた |
| | (3) | 基本的な溶接記号を理解している。 | ○基本的な溶接記号を十分に理解していた<br>○業務上の受け答えは的確だった |
| | (4) | 上司や先輩の指導のもと、溶接物の形状・構造・重量に合わせた溶接用治工具を選定している。 | ○溶接物に合わせた溶接用治工具を常に指示通りに選定していた<br>○業務は正確・迅速に行っていた |
| | (5) | 上司や先輩の指導のもと、溶接継手に応じた溶接条件に基づき、簡単な作業姿勢におけるろう付けを行っている。 | ○継手の溶接条件に基づき、ろう付けを常に指示通りに行っていた<br>○業務は正確・迅速に行っていた |
| | (6) | 溶接・組立現場の5S(整理・整頓・清潔・清掃・しつけ)を意識して作業に取り組んでいる。 | ○5S(整理・整頓・清潔・清掃・しつけ)を十分に意識して作業に取り組んでいた |
| | (7) | 上司や先輩の指導のもと、作業手順書(作業マニュアル)に基づいて、ろう付けされた製品のフラックスの残滓や加熱によってできた酸化膜について検査している。 | ○製品のフラックスの残滓や酸化膜の検査を常に指示通りに行っていた<br>○業務は正確・迅速に行っていた |
| | (8) | 上司や先輩の指導のもと、作業手順書(作業マニュアル)に基づいて、引っ張り試験、曲げ試験、衝撃試験、硬さ試験等の破壊検査を実施している。 | ○破壊検査を常に指示通りに実施していた<br>○業務は正確・迅速に行っていた |
| | (9) | 上司や先輩の指導のもと、作業手順書(作業マニュアル)に基づいて、溶接機の点検・保全を行い、外装の変形・損傷の有無、導通や絶縁抵抗部分の露出など、装置の支障を発見した場合は直ちに上司や先輩に連絡を取っている。 | ○溶接機の点検・保全により装置の支障を発見した場合は、常に適切な連絡を取っていた<br>○業務は正確・迅速に行っていた |
| 抵抗溶接 | (1) | 抵抗溶接に使用する機器各部の名称と機能、使用方法についての概要を理解している。 | ○使用機器の名称・機能・使用方法を十分に理解していた<br>○業務上の受け答えは的確だった |
| | (2) | スポット溶接、重ねプロジェクション、アプセット溶接等、抵抗溶接の種類を理解し、上司や先輩の指導のもと、抵抗溶接に関する段取り作業を実施している。 | ○溶接の種類を理解し、段取り作業を常に指示通りに実施していた<br>○業務は正確・迅速に行っていた |
| | (3) | 基本的な溶接記号を理解している。 | ○基本的な溶接記号を十分に理解していた<br>○業務上の受け答えは的確だった |
| | (4) | 上司や先輩の指導のもと、溶接物の形状・構造・重量に合わせた溶接用治工具を選定している。 | ○溶接物に合わせた溶接用治工具を常に指示通りに選定していた<br>○業務は正確・迅速に行っていた |
| | (5) | 上司や先輩の指導のもと、溶接継手に応じた溶接条件に基づき、作業手順書を理解し、抵抗溶接を行っている。 | ○継手の溶接条件に基づき、抵抗溶接を常に指示通りに行っていた<br>○業務は正確・迅速に行っていた |
| | (6) | 上司や先輩の指導のもと、電極チップ先端形状・寸法、溶接電流値、通電時間、電極加圧力を考慮しながら、溶接部形成の諸条件を設定している。 | ○各種溶接条件を考慮し、溶接部形成の諸条件を常に指示通りに設定していた<br>○業務は正確・迅速に行っていた |
| | (7) | 上司や先輩の指導のもと、フラッシュ工程等の作業中に発生した抵抗溶接機の簡単な支障の調整を行っている。 | ○作業中に発生した抵抗溶接機の簡単な支障の調整を常に指示通りに行っていた<br>○業務は正確・迅速に行っていた |
| | (8) | 溶接・組立現場の5S(整理・整頓・清潔・清掃・しつけ)を意識して作業に取り組んでいる。 | ○5S(整理・整頓・清潔・清掃・しつけ)を十分に意識して作業に取り組んでいた |
| | (9) | 上司や先輩の指導のもと、作業手順書(作業マニュアル)に基づいて、抵抗溶接された製品の品質を検査し、溶接不足、へこみ、地きずの問題などを目視検査により確認している。 | ○製品の品質を検査し、製品の問題を常に指示通りに確認していた<br>○業務は正確・迅速に行っていた |
| | (10) | 上司や先輩の指導のもと、作業手順書(作業マニュアル)に基づいて、栓抜け試験、引っ張り試験、曲げ試験、衝撃試験、硬さ試験等の破壊検査、非破壊検査を実施している。 | ○破壊検査、非破壊検査を常に指示通りに実施していた<br>○業務は正確・迅速に行っていた |
| | (11) | 上司や先輩の指導のもと、作業手順書(作業マニュアル)に基づいて、溶接機の点検・保全を行い、外装の変形・損傷の有無、導通や絶縁抵抗部分の露出など、装置の支障を発見した場合は直ちに上司や先輩に連絡を取っている。 | ○溶接機の点検・保全により装置の支障を発見した場合は、常に適切な連絡を取っていた<br>○業務は正確・迅速に行っていた |

| 判定ガイドライン ||
|---|---|
| B | C |
| ○使用機器の名称・機能・使用方法をおおむね理解していた<br>○業務遂行上、特段の支障はなかった | ○使用機器の名称・機能・使用方法をほとんど理解していなかった<br>○業務の遂行に支障をきたしていた |
| ○段取り作業をおおむね指示通りに実施していた<br>○業務遂行上、特段の支障はなかった | ○段取り作業をほとんど指示通りに実施できていなかった<br>○業務の遂行に支障をきたしていた |
| ○基本的な溶接記号をおおむね理解していた<br>○業務遂行上、特段の支障はなかった | ○基本的な溶接記号をほとんど理解していなかった<br>○業務の遂行に支障をきたしていた |
| ○溶接物に合わせた溶接用治工具をおおむね指示通りに選定していた<br>○業務遂行上、特段の支障はなかった | ○溶接物に合わせた溶接用治工具をほとんど指示通りに選定できていなかった<br>○業務の遂行に支障をきたしていた |
| ○継手の溶接条件に基づき、ろう付けをおおむね指示通りに行っていた<br>○業務遂行上、特段の支障はなかった | ○継手の溶接条件に基づいたろう付けをほとんど指示通りに行えていなかった<br>○業務の遂行に支障をきたしていた |
| ○5S(整理・整頓・清潔・清掃・しつけ)をおおむね意識して作業に取り組んでいた | ○5S(整理・整頓・清潔・清掃・しつけ)を意識していない場合が度々あった |
| ○製品のフラックスの残滓や酸化膜の検査をおおむね指示通りに行っていた<br>○業務遂行上、特段の支障はなかった | ○製品のフラックスの残滓や酸化膜の検査をほとんど指示通りに行えていなかった<br>○業務の遂行に支障をきたしていた |
| ○破壊検査をおおむね指示通りに実施していた<br>○業務遂行上、特段の支障はなかった | ○破壊検査をほとんど指示通り実施できていなかった<br>○業務の遂行に支障をきたしていた |
| ○溶接機の点検・保全により装置の支障を発見した場合はおおむね連絡を取っていた<br>○業務遂行上、特段の支障はなかった | ○溶接機の点検・保全により装置の支障を発見しても連絡できない場合が度々あった<br>○業務の遂行に支障をきたしていた |
| ○使用機器の名称・機能・使用方法をおおむね理解していた<br>○業務遂行上、特段の支障はなかった | ○使用機器の名称・機能・使用方法をほとんど理解していなかった<br>○業務の遂行に支障をきたしていた |
| ○溶接の種類を理解し、段取り作業をおおむね指示通りに実施していた<br>○業務遂行上、特段の支障はなかった | ○溶接の種類を理解しておらず、段取り作業を指示通りに実施できない場合が度々あった<br>○業務の遂行に支障をきたしていた |
| ○基本的な溶接記号をおおむね理解していた<br>○業務遂行上、特段の支障はなかった | ○基本的な溶接記号をほとんど理解していなかった<br>○業務の遂行に支障をきたしていた |
| ○溶接物に合わせた溶接用治工具をおおむね指示通りに選定していた<br>○業務遂行上、特段の支障はなかった | ○溶接物に合わせた溶接用治工具をほとんど指示通りに選定できていなかった<br>○業務の遂行に支障をきたしていた |
| ○継手の溶接条件に基づき、抵抗溶接をおおむね指示通りに行っていた<br>○業務遂行上、特段の支障はなかった | ○継手の溶接条件に基づいた抵抗溶接を指示通りに行えない場合が度々あった<br>○業務の遂行に支障をきたしていた |
| ○各種溶接条件を考慮し、溶接部形成の諸条件をおおむね指示通りに設定していた<br>○業務遂行上、特段の支障はなかった | ○各種溶接条件を考慮した溶接部形成の諸条件をほとんど指示通り設定できていなかった<br>○業務の遂行に支障をきたしていた |
| ○作業中に発生した抵抗溶接機の簡単な支障の調整をおおむね指示通りに行っていた | ○作業中に発生した抵抗溶接機の簡単な支障の調整をほとんど指示通りに行えていなかった |
| ○5S(整理・整頓・清潔・清掃・しつけ)をおおむね意識して作業に取り組んでいた | ○5S(整理・整頓・清潔・清掃・しつけ)を意識していない場合が度々あった |
| ○製品の品質を検査し、製品の問題をおおむね指示通りに確認していた<br>○業務遂行上、特段の支障はなかった | ○製品の品質を検査し、製品の問題をほとんど指示通りに確認できていなかった<br>○業務の遂行に支障をきたしていた |
| ○破壊検査、非破壊検査をおおむね指示通りに実施していた<br>○業務遂行上、特段の支障はなかった | ○破壊検査、非破壊検査をほとんど指示通りに実施できていなかった<br>○業務の遂行に支障をきたしていた |
| ○溶接機の点検・保全により装置の支障を発見した場合はおおむね連絡を取っていた<br>○業務遂行上、特段の支障はなかった | ○溶接機の点検・保全により装置の支障を発見しても連絡できない場合が度々あった<br>○業務の遂行に支障をきたしていた |

溶接・組立6/7

| 能力ユニット | | 職務遂行のための基準 | A |
|---|---|---|---|
| 組立 | (1) | 上司や先輩の指導のもと、組立用図面に基づき、プレス加工等による部品組立作業の準備を行っている。 | ○部品組立作業の準備を常に指示通りに行っていた<br>○業務は正確・迅速に行っていた |
| | (2) | 上司や先輩の指導のもと、作業手順書（作業マニュアル）に基づいて、組立用材料または部品の負否判定を行い、組立に必要な材料・部品の品数を関連よく取り揃えている。 | ○組立用材料または部品の負否判定を行い、組立に必要な材料・部品の品数を常に指示通りに取り揃えていた<br>○業務は正確・迅速に行っていた |
| | (3) | 組み立てる部品の種類、構造及び機能を理解し、関連知識の習得に努めている。 | ○部品の種類、構造及び機能を理解し、関連知識の習得に常に努めていた<br>○業務上の受け答えは的確だった |
| | (4) | 上司や先輩の指導のもと、プレス加工等による部品組立作業の手段として、かしめやネジしめ、各種溶接、ろう付け等の作業を行っている。 | ○部品組立作業の手段としてのかしめやネジしめ、各種溶接、ろう付け等の作業を常に指示通りに行っていた<br>○業務は正確・迅速に行っていた |
| | (5) | 溶接・組立現場の5S（整理・整頓・清潔・清掃・しつけ）を意識して作業に取り組んでいる。 | ○5S（整理・整頓・清潔・清掃・しつけ）を十分に意識して作業に取り組んでいた |
| | (6) | 上司や先輩の指導のもと、作業手順書（作業マニュアル）に基づいて、部品組立後、目視、拡大鏡、自動外観検査装置等を用いた簡単な外観検査や、かしめやネジしめ等装着状態の確認を行っている。 | ○部品組立後、簡単な外観検査や装着状態の確認を常に指示通りに行っていた<br>○業務は正確・迅速に行っていた |
| | (7) | 上司や先輩の指導のもと、作業手順書（作業マニュアル）に基づいて、プレス加工組立の製造装置、治工具の取扱いを行っている。 | ○組立の製造装置、治工具の取扱いを常に指示通りに行っていた<br>○業務は正確・迅速に行っていた |
| | (8) | 上司や先輩の指導のもと、作業手順書（作業マニュアル）に基づいて、各種設備の点検、機器各部の注油及び点検、工具の手入れやメンテナンスを実施している。 | ○設備・機器の点検、工具のメンテナンスを常に指示通りに実施していた<br>○業務は正確・迅速に行っていた |

| 判定ガイドライン | |
|---|---|
| B | C |
| ○部品組立作業の準備をおおむね指示通りに行っていた<br>○業務遂行上、特段の支障はなかった | ○部品組立作業の準備をほとんど指示通りに行えていなかった<br>○業務の遂行に支障をきたしていた |
| ○組立用材料または部品の良否判定を行い、組立に必要な材料・部品の品数をおおむね指示通りに取り揃えていた<br>○業務遂行上、特段の支障はなかった | ○組立用材料または部品の良否判定を行う際に、組立に必要な材料・部品の品数をほとんど指示通りに取り揃えていなかった<br>○業務の遂行に支障をきたしていた |
| ○部品の種類、構造及び機能を理解し、関連知識の習得におおむね努めていた<br>○業務遂行上、特段の支障はなかった | ○部品の種類、構造及び機能を理解しておらず、関連知識の習得にほとんど努めていなかった<br>○業務の遂行に支障をきたしていた |
| ○部品組立作業の手段としてのかしめやネジしめ、各種溶接、ろう付け等の作業をおおむね指示通りに行っていた<br>○業務遂行上、特段の支障はなかった | ○部品組立作業の手段としてのかしめやネジしめ、各種溶接、ろう付け等の作業をほとんど指示通りに行えていなかった<br>○業務の遂行に支障をきたしていた |
| ○5S(整理・整頓・清潔・清掃・しつけ)をおおむね意識して作業に取り組んでいた | ○5S(整理・整頓・清潔・清掃・しつけ)を意識していない場合が度々あった |
| ○部品組立後、簡単な外観検査や装着状態の確認をおおむね指示通りに行っていた<br>○業務遂行上、特段の支障はなかった | ○部品組立後、簡単な外観検査や装着状態の確認をほとんど指示通りに行えていなかった<br>○業務の遂行に支障をきたしていた |
| ○組立の製造装置、治工具の取扱いをおおむね指示通りに行っていた<br>○業務遂行上、特段の支障はなかった | ○組立の製造装置、治工具の取扱いをほとんど指示通りに行えていなかった<br>○業務の遂行に支障をきたしていた |
| ○設備・機器の点検、工具のメンテナンスをおおむね指示通りに実施していた<br>○業務遂行上、特段の支障はなかった | ○設備・機器の点検、工具のメンテナンスが指示通りに実施できない場合が度々あった<br>○業務の遂行に支障をきたしていた |

溶接・組立7/7

参考文献

「小さな会社☆社長のルール」 竹田陽一著　フォレスト出版
「なぜ　会社の数字は達成されないのか？」　竹田陽一著　フォレスト出版
「小さな会社☆儲けのルール」 竹田陽一／栢野克己著　フォレスト出版
「中堅・中小企業に役立つ人事・賃金の実務学」 真崎龍次著　経営書院
「世界最強チェーンを作った　レイ・クロックの５つの教え」　中園徹著　日本能率協会マネジメントセンター
「サッと作れる小規模企業の賃金制度」 三村正夫著　経営書院
石川県社会保険労務士会　人事労務研究会　研究資料
参考データ　厚生労働省　賃金構造基本統計調査
厚生労働省中央職業能力開発協会の職業能力評価基準の評価シート

## 著者紹介

三村　正夫（みむら・まさお）

1955年福井市生まれ。
芝浦工業大学卒業後、昭和55年日本生命保険相互会社に入社し、販売関係の仕事に22年間従事した。その後、平成13年に石川県で独立し、開業12周年を迎える。賃金・人事制度や就業規則の作成指導は開業時より積極的に実施しており、県内の有名大学・大企業から10人未満の会社まで幅広く手がける。信念は「人生は自分の思い描いたとおりになる」その他特定社会保険労務士・行政書士など22種の資格を取得
㈱三村式経営労務研究所　代表取締役
三村社会保険労務士事務所　所長
著者に「サッと作れる零細企業の就業規則」「サッと作れる小規模企業の賃金制度」（経営書院）「マンション管理人の仕事とルールがよくわかる本」「誰でも天才になれる生き方・働き方」（セルバ出版）など

---

## サッと作れる小規模企業の人事制度

2013年7月3日　第1版　第1刷発行　　定価はカバーに表示してあります。
2014年8月12日　第1版　第2刷発行

　　　　　　　　著　者　三　村　正　夫

　　　　　　　　発行者　平　　盛　之

　　　　　㈱産労総合研究所
発行所　出版部　経 営 書 院

〒102-0093
東京都千代田区平河町2-4-7　清瀬会館
電話03(3237)1601　振替 00180-0-11361

落丁・乱丁はお取替えいたします　　印刷・製本　中和印刷株式会社
ISBN978-4-86326-151-8

小規模企業の

# 『人事制度を考える会』を設立

◆◇◆◇◆◇◆◇◆◇◆◇◆◇◆

三村社会保険労務士事務所は、
この本の発売に合わせて
「小規模企業の人事制度を考える会」を設立いたします。

◆◇◆◇◆◇◆◇◆◇◆◇◆◇◆

この本を読まれて、この本の人事制度を早速導入したいと思われている社長様も多いと思います。簡単なマニュアルがあれば、大変助かるとの希望も多く頂いております。そこで、マニュアルバインダーと書式CDを作成しました。この会に入会して頂いた方で、ご希望があれば提供したいと思っておりますので宜しくお願い致します。

〈入会のメリット〉

①この本でご紹介した三村式人事制度のマニュアルバインダー、参考書式CDを提供します。

②毎月1回、小規模企業に必要であると思われる人事労務管理の情報をメールで提供します。

③三村式人事制度の基本的なご相談を毎月1回までメールで受付いたします。そして、メールにて返答させていただきます。相談内容によっては別途費用がかかることがあります。

◆◆◆「小規模企業の人事制度を考える会」 年会費30,000円（税込）◆◆◆
入会をご希望の方は、メールもしくはファックスでご連絡ください。
入会規約、会費振込先等を連絡いたします。

お問い合わせ先は、三村社会保険労務士事務所
メール　gojira@mva.biglobe.ne.jp
FAX（076）234-2430
http://www5f.biglobe.ne.jp/~gozira